アブない心理学

神岡真司

青春新書
PLAYBOOKS

はじめに　ケタ違いに結果が出る「最強の心理テクニック」

本書はタイトル通りの「こわいほど使える」アブない心理学です。

心理学の最新知見を総動員し、人の心をズバリ盗み読み、人の心を思い通りにあやつる方法を徹底的に紹介します。

人の心が見透かせるようになれば、どんな場面でも慌てずに済みます。

科学的な実証によって裏づけられた心理テクニックを知れば、人をあやつる上で、ケタ違いの威力を発揮することができます。

ビジネスからプライベートまで、いつでも使える実践テクニックの数々は、人間関係を円滑にするだけでなく、あなたの人生の成功をバックアップしてくれる最強のツールになること、間違いありません。

あらゆる心理戦での攻撃や防御にお役立ていただける——と確信しています。

神岡真司

アブない心理学　目次

第2章 その「口癖・しぐさ」に本音が隠れている！

第3章 立ち居振る舞いで相手を自在にあやつる 99

第4章 たった「ひと言」で主導権を握る　137

COLUMN

本書は、『「見た目」で心を透視する107の技術』（小社刊／2013年）を
改題し、大幅に加筆、修正の上、再編集したものです。

本文イラスト：瀬川尚志
本文デザイン・DTP：ハッシィ

第1章

「見た目」から相手の本性を見抜く

「つけこめる」かどうかは、手と腕の動きでズバリわかる

◆〝深い心の動き〟は手と腕の位置から読み取る

私たちが相手の「心の状態」を判断する際は、主に相手の表情や口ぶりに、自然と注目しています。

たとえば、感情が高まってくれば表情は険しくなり、早口になります。

反対に、ゆっくり噛んで含めるような語り口なら、心はかなり冷静な状態にあるはずです。このように、相手の感情を見た目から察しているわけです。

実は、表情や口ぶりだけが心の動きを表すわけではありません。

上半身の「手や腕」のしぐさや動作も、心の状態を如実に表します。**むしろ、手**

と腕の動きのほうが、表情や口ぶり以上に、相手の本音の感情を表すものなのです。

表情や口ぶりは、ある程度意識してつくり出すことができますが、手や腕は、無意識のうちに動いてしまうことが多いからです。

手と腕の動作について、人は特別意識して、動かしているわけではありません。コップを取ろうと思えば、自然と腕が伸び、コップの取っ手を指でつかみます。

いわば、自動的に手と腕は動くのです。ロボットアームを操作するときには、「腕を伸ばす・手をコップに近づける・指を開く・指をコップの取っ手に引っかける…」などといった一連の作業をひとつひとつ行うことになるでしょうが、こうした動きをほとんど頭で意識することなく、素早く行えるのが人間です。

このような無意識の動作には、そのときの深層心理や潜在意識が強く影響します。

したがって、「手と腕」の動きを注視していると、その人の本能的な感情部分も読み取れるのです。

◆説得は、手がダラリと下ろされているときに

当たり前ですが、手と腕が頻繁に動くとき、脳は活性化しています。

重力に逆らって手を動かしていますから、アグレッシブな心の状態です。

顔の表情や口ぶりが、たとえ穏やかなものであっても、手や腕が空中で揺れ動くときは、自分が主導権を握ろうとしています。こんなときは説得が難しいのです。

自分の話を優先したい気持ちが表れていますから、相手の手や腕が空中で動いているときは、こちらの頼み事などの内容は、上の空だったりします。

説得に適したタイミングは、相手の手や腕が、重力に逆らわずに下ろされているときです。手と腕が下がっているときは、感情が抑制状態にあり、他人の言うことにも中立的か従順です。その証拠に上司など、上位者の前に立っている部下の手や腕は必ず下に下ろされています。

こんなときこそ、あなたの主張や要求が通るのです。

「手と腕の動き」から、説得のタイミングを判断する

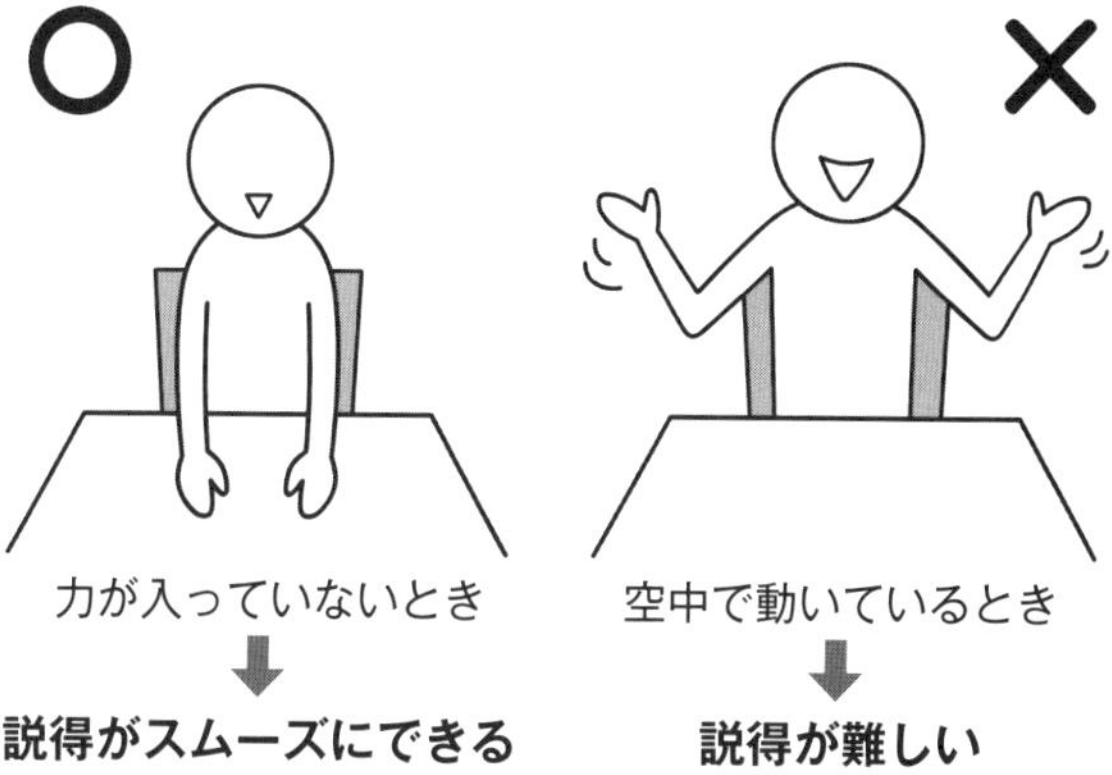
○
×
力が入っていないとき
説得がスムーズにできる
空中で動いているとき
説得が難しい

相手を説得したり、自分の意見を通したいときには、まず、相手の本心が表れる手や腕の動きに注目すると、うまくいくでしょう。

また、悲しい気持ちや挫折感に打ちのめされているときには、手や腕に力が入りません。笑顔を作っていても、手がダラリと体の横に下ろされているときは、相手の気持ちは沈んだ状態にあると考えられます。

こういうときに優しい言葉をかけると、「自分のことをわかってくれている」と思われ、相手と一気に距離を縮められるかもしれません。

腕組みをしている相手とは、交渉してはいけない！

◆突然の腕組みに隠された「本当の気持ち」

「うーん」と考えこむときに、不意に腕を組むポーズをしたことがある方は多いと思います。自然に出てしまうこの「腕組み」のポーズですが、はたしてこれは、考え事に集中するのによいポーズなのでしょうか。

腕組みのように、人が手や腕を体に密着させる動作は、心理学では「なだめ行動」と呼ばれます。赤ちゃんのとき、母親に抱きしめられたり、頭をなでられて安心した経験を自分の体に触れることで、無意識に思い出しているのです。

そのため考え事をするとき以外、不安や不快感を感じたときにも、私たちは自然に腕組みをしています。これは、不安な気持ちを和らげたいという感情の表れなのです。

会話中、事件や事故、病気などの怖い事例が出てきたときに、つい腕組みをしてしまった――という経験は多くの方に共通してあるはずです。

考え事に話を戻すと、腕組みをしているとき、意識は自分に向けられ集中しています。そのため、腕組みは考え事をするには、たしかに都合のよいポーズだといえるのです。**考え事に集中したいときに、意識的に腕組みをしてみるとよい効果が得られるゆえんです。**

◆腕組みはネガティブな感情を引き起こす！

実は心理学では、人前で腕組みをするのは、すべてが「防御の姿勢」とされています。街中で、強面《こわもて》のプロレスラーが腕組みをして立っているポスターなどをよく見かけますが、あれも〝鉄壁の防御の姿勢〟を表しているのです。いかにも強そうに見せる演出でもありますが、防御の姿勢でもあるわけです。

このような腕組みは、一般的には他人からの「印象」がよくありません。偉そうに見えたり、自分の権力を誇示している傲慢《ごうまん》な感じを与えるからです。

社会人になって「目上の人の前で腕組みをするのは失礼にあたる」と言われた人も少なくないでしょう。

その上、人前で腕組みをし続けていると、他者からの印象が悪くなるだけでなく、他者への批判的な感情が自分の中に芽生えることも知られています。

つまり、学校の授業などを腕組みをして聞いていると、教師から悪印象をもたれる上に、自身の知識の吸収までも阻《はば》まれるわけです。

また、腕組みをして話を聞いている人を説得しようとしても、相手はこちらに批判的な感情を抱いているので、その交渉はうまくいかないことが多々あります。

もし、説得したい相手が腕組みをしている場合には、まず腕組みの姿勢を崩すことからはじめましょう。

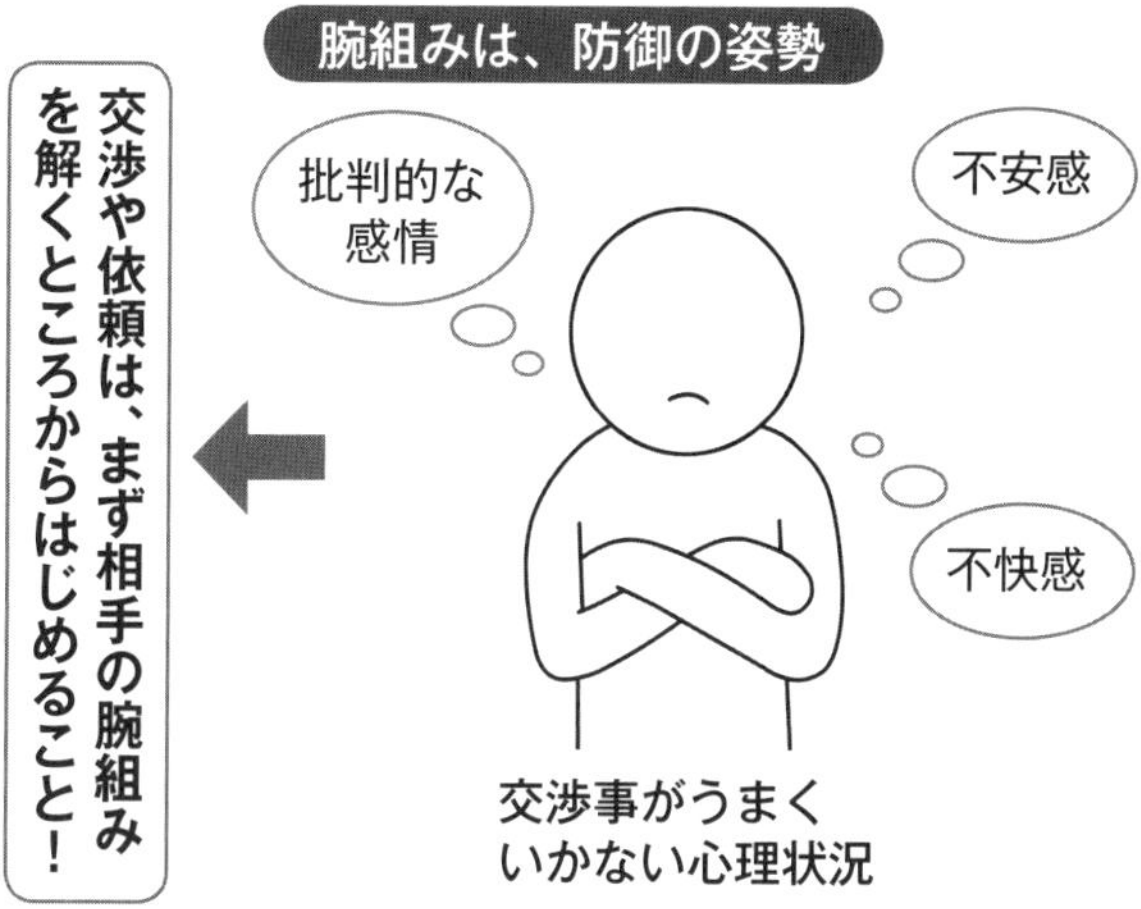
腕組みは、防御の姿勢
交渉や依頼は、まず相手の腕組みを解くところからはじめること！
批判的な感情
不安感
不快感
交渉事がうまくいかない心理状況

「ちょっと掌《てのひら》を開いて見せてくれませんか？　面白い健康診断法があるんです」などと言って、両掌を上向きに開いてもらうのです。掌を開いてもらったら、「少し肝臓が疲れていますね」などと適当なことを言います。不思議なことに、人は掌を上向きに広げていると、だんだん相手への抵抗感がなくなってくるのです。

次第にこちらの主張を受け入れる思考の土台が形成されていくので、相手が話を受け入れる状態になったら、本題を切り出すとよいでしょう。

さりげない足の動きに表れる関心度の高さ

◆足は本能に「最も忠実に反応」する

足の動きについても、手と腕の動きと同様、人はあまり注目していません。しかし、足は「人間の行動の根幹をなす」重要な部位にあたるため、足の動きには、人の心の動きを読み取るヒントが多く隠されています。

たとえば、草むらを歩いていて、うっかり踏んだヘビが鎌首をもたげてきたら、私たちはとっさに後ずさって逃げるはずです。ゆっくり考えてから、足を引くわけではありません。

足の動きは、個体維持を目的とする本能に、最も敏感かつ忠実に反応する部位だ

けに、正確に人の心を反映するのです。

◆肩幅に足を開いている人が考えていることとは

肩幅程度に足を広げて立っているとき、基本的に感情は中立な状態にあります。物事に対してニュートラルで、肯定も否定もありません。

このような人には、礼儀正しく低姿勢で臨むことで、相手も礼儀正しく親切に接してくれます。もちろん、こちらが、横柄で居丈高だと、たちまち相手の態度も硬化するのです。足を肩幅に開いた状態で、中立の感情にある人を、好意的にするか敵対的にするかは、こちら次第だといえるでしょう。

ただ、この状態に手や腕の動きが加わると、心理状況は異なってくるため、注意が必要です。

たとえば、足を肩幅に開いた状態で、両手を腰の後ろで組んでいる人は、強い警戒心を抱いていると考えられます。この動作は、周囲を窺《うかが》うときに見せる警戒行動のひとつだからです。さらに、足を肩幅に開き、腰に両手をあてて立つのは、自分の権威を周囲に誇示したいときに表れる代表的な動作です。

◆脈アリか脈ナシかは、足で判断できる

壁にもたれかかりながら、片足をもう一方の足に絡めて立つ人がいます。バランスの悪いこの立ち方は、どのような心理状況を表しているのでしょうか。

実は、片足をもう一方の足に絡めているときは、気分がよく、安心して気を許し、リラックスしている状態を示しています。テーブルの下に足が隠されているときでも、同様です。

テーブルの下で、足と足がクロスされているときは、かなりリラックスしていますから、対面している相手にも気を許しています。こういうときは、少し難しいお願い事も受け入れやすい気分になっているので、相手を説得したいときや、無理なお願いを聞いてほしいときには、理想的な状態だといえるでしょう。

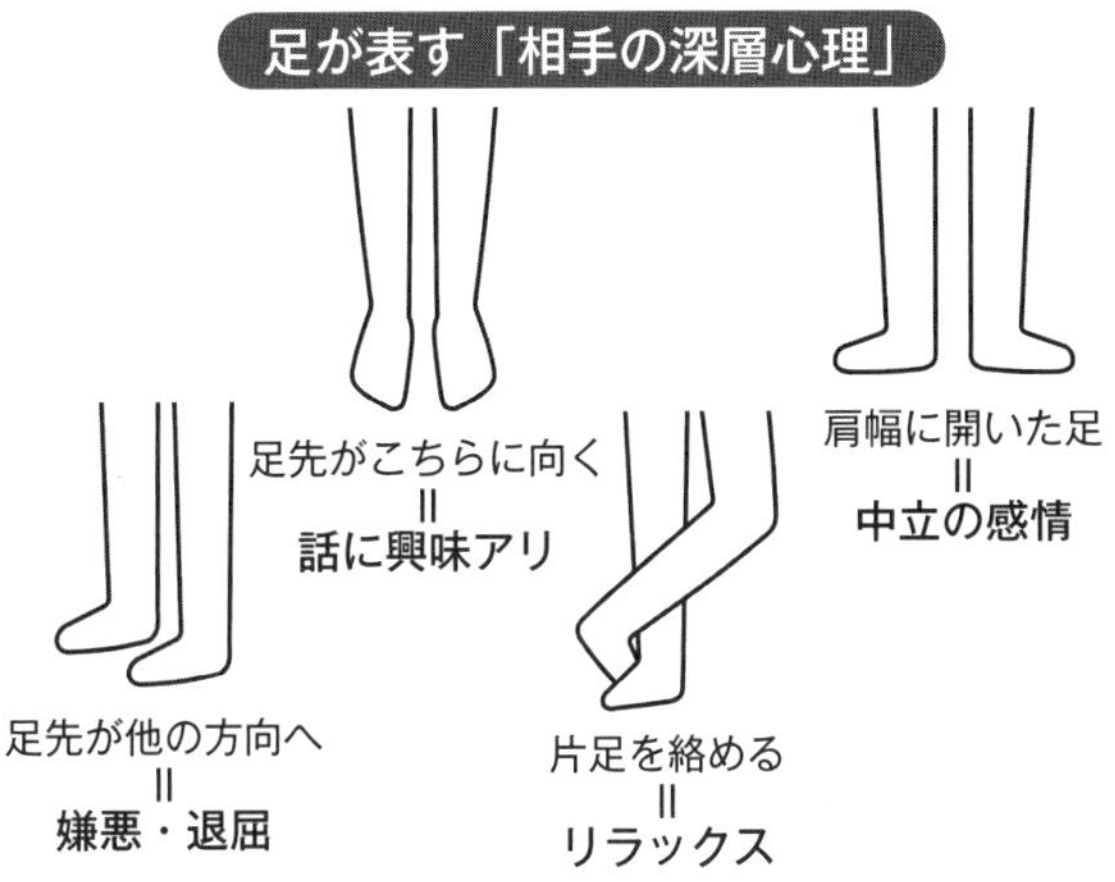
足が表す「相手の深層心理」
足先がこちらに向く
＝
話に興味アリ
肩幅に開いた足
＝
中立の感情
足先が他の方向へ
＝
嫌悪・退屈
片足を絡める
＝
リラックス

なお、イヤな相手と話すときや、退屈なときは、顔と胴体は正面を向いていても、無意識に足先は、他の方向に向けられています。

この場合、こちらに興味をもってくれていないので交渉事はすすみません。

ちなみに、まっすぐ足先が正面を向いているときは、相手に敬意をもち、話にも真面目に耳を傾けています。

相手は話に興味をもってくれていますが、緊張状態にあるので、少しくつろがせることで、話し合いや交渉がうまくいくと考えられます。

「視線を横方向に動かす人」は何を考えている？

◆脳と深いつながりがある視線の動き

目は口ほどに物を言う――というたとえは、的を射ています。

実際、目の動き方で「心の状態」がわかるという方法論があります。

中でも「視線解析」というものが有名です。脳と眼球運動には密接なつながりがあるため、思考する際の「目の動きや方向」によって、「視覚」「聴覚」「体感覚」のどこに意識が集中しているのか、さらには、「過去のこと」「未来のこと」どちらについて考えているのかが、わかるというものです。

視線の上下の動きは、視覚・聴覚・体全体の感覚のどこに意識が向けられているかを示します。こちら側から見たとき、相手の視線が上向きなら、視覚に意識を集中させており、視線が下に向けられていたら、体全体の感覚に意識が集中しています。上でも下でもない場合は、聴覚に意識が向かっている状態です。

これに対して、視線の左右の動きは、過去と未来、どちらのことを考えているのかを示しています。こちら側から見て、相手の視線が右側を向いていたら過去のこと、相手の視線が左側を向いていたら未来のことを想像していると考えられます。

この視線の法則をうまく使えば、相手のウソを簡単に見破れるようになります。

たとえば、「昨日の夜は何を食べましたか？」と過去の出来事を質問したのに、相手の目が左上（視覚＋未来）を向いたとしたら、未来的な想像をしているので、「何と答えようか」とウソをつこうとしていることがわかるのです。

本当のことを言おうとするときには、過去の視覚的記憶を思い起こすので、本来なら、相手の目は右上を向くはずだったのです。

他にも、「視線解析」においては、**モノを考えるとき、相手の目がこちら側から**

見て、右側に向く人は内省的でイメージ思考、左側に向く人は、外交的で論理思考という説もあります。

右脳と左脳のそれぞれが、身体反応では、脳の左右とは逆に作用するからです。

このように、相手の脳内の思考は、唯一露出した脳の窓ともいえる「目の動き」によって、ある程度推測できます。ただし、人によって目の動きが逆のパターンもありますから、「朝ごはん食べた?」(過去)「今晩、どこに行くの?」(未来)などと簡単な質問をして、その人の目の動きの傾向を、最初につかむとよいでしょう。

◆好意の有無も、目から読み取れる

外交的な人の視線は、上向きになることが多く、内向的な人の視線は下向きになりがち――というのは、経験則からわかる方も多いでしょう。

目は他にも、相手に関するさまざまな情報を私たちに与えてくれます。

こちらに好意や興味がある場合、対面する相手の視線は、まっすぐのままか、縦

視線の法則で、相手のウソは簡単に見破れる

方向の上下によく動きます。

こちらを嫌っているか、興味がない場合は、視線が下方向にだけ伏せられるか、横方向によく動きます。こちらを見たくないという深層心理が窺えるわけです。

また、好きな人を見るときは目が大きく見開かれ、よく見ようとしますが、嫌いな人だと目が細まり、目を背けたりします。

さらに、緊張したり、興奮していると、まばたきの回数が増え、イヤな話や興味のない話を聞かされると、目が宙を泳ぐなどは、よく知られているところです。

攻撃性や自信の有無は「指」を見ればわかる

◆人差し指が薬指より短い人は、攻撃的な人!?

おとなしそうに思えた人が、意外に大胆で行動的だとびっくりします。また、ガタイが大きくイカツイ顔なのに、行動がナイーブで静的だと驚かされます。

外見と中身が違うために、「アレレ?」と意表を突かれないために、知っておくと安心なのが「二本指の法則」です。

二本指の法則を知っていれば、薬指と人差し指の長さを見るだけで、相手が「男性脳」の持ち主か、「女性脳」の持ち主かが瞬時にわかります。

男性ホルモンの「テストステロン」を、胎児のときに大量に浴びると、人差し指

指の長さから、性格を読み解く

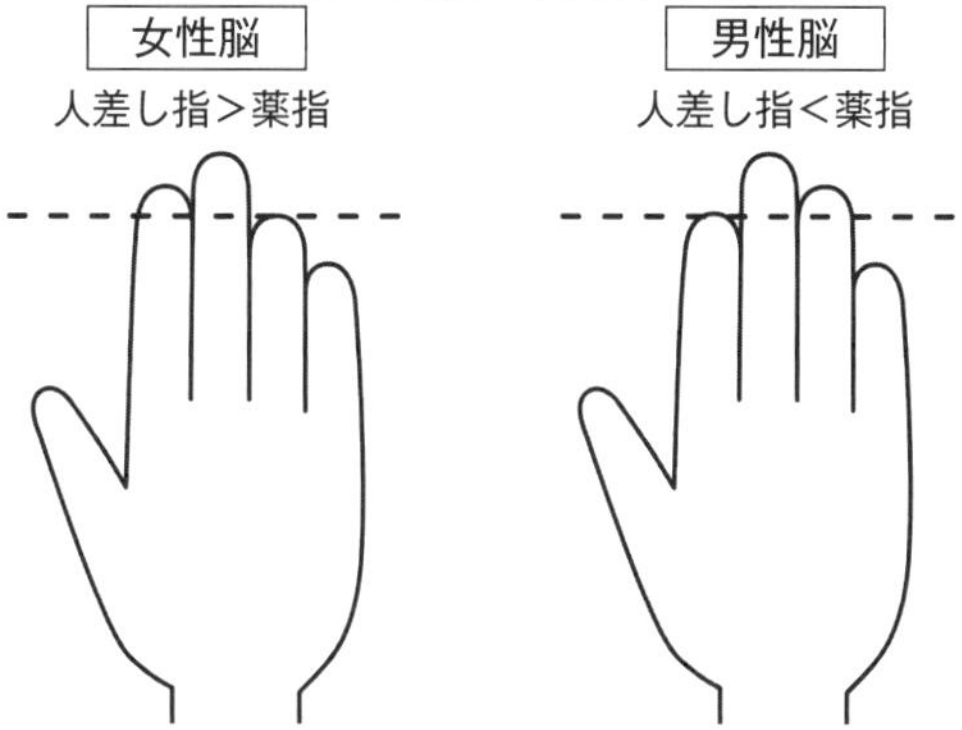
女性脳
人差し指＞薬指
男性脳
人差し指＜薬指

※厳密に指の長さを測定する場合は、掌の内側の指のつけ根の一番下にできるシワから指の先端までを測ります。

が短く、薬指が長くなることが知られています。ゆえに男性の場合、人差し指が薬指より短い人が多いのです（これが男性脳）。反対に女性の場合、人差し指が薬指より長い人が多いのです（これが女性脳）。**「男性ホルモン」が多い「男性脳」は活発で攻撃的、支配的であり、数的認識や空間認識に強く、「女性ホルモン」が多い「女性脳」は母性的で、感受性が鋭く、言語能力に秀でています。**

まれに、女性なのに「男性脳」、男性なのに「女性脳」の人がいます。当然ですが、女性で「男性脳」をもつ人は、性格が活発で、支配欲も強く、行動的な人が多くなります。また、レズビアン志向に傾きやすいという説もあります。

いっぽう男性で「女性脳」をもつ人は、感受性が鋭く、家族を守り育てる意識の高い人が多くなり、争い事を好まない性格となります。

また、男性で「男性脳」、女性で「女性脳」の特徴が際立つ人は、性的興奮度が高く、この組み合わせの男女による夫婦の場合は、子どもの数も多いというデータもあります。なお、相場に強いとされるのは、大胆勝負を好む「男性脳」の際立った男女とされ、勝率も高く、資産も多い傾向にあるようです。

人差し指と薬指の長さがほぼ同じ人は、中立的で個性的な人が多いでしょう。長さの違いが際立つほど、「男性脳」と「女性脳」の傾向は強くなります。

◆「自信のある・なし」は親指の動きでチェック

手の指の中で「親指」は最も力の強い指です。

地位の高いポストにある人は、不思議なことに、ポケットに手を入れたとき、親指だけを外に出すかたちで、ポーズをとることが多いものです。親指を顕示《けんじ》しているのです。

心理学の実験から、親指は強い自信や高い地位を象徴する指とされています。

部下に新しい仕事を任せるときなどには、さりげなく、体の前で組まれた手を見てみましょう。**どちらかの親指が表に出るかたちで、指と指を組んでいる人は自信がある人ですが、片方の手をもう片方の手でカバーするかたちで手を組んでいる人は、あまり自信がない可能性が高いのです。**

また、体の両側に腕を揃えるとき、親指が隠されていたら要注意です。

なお、心理学者のポール・エクマンによれば、相手に対して強い闘争心をもつ人は、その人の前に出たときに人差し指1本だけが、床に向かって伸ばされていたり、相手に向かって伸びていることが多いと指摘しています。話している相手の指が、まさかそんな状態になっていないかどうか、チェックしておくのも大事です。

実は信頼できる人、意外と信頼できない人の見分け方

◆伏し目がちな人こそ、信頼すべき理由

人と話しているときに、相手の顔をよく見ることができず、ついつい伏し目がちになってしまう人がいます。

このような表情からは、たんにオドオドした印象を受けるだけでなく、何かやましいことでもあるのではないかと、不信感さえ感じてしまうでしょう。

どう見ても、自信があるようには見えないからです。

実は、こういう人は、非常に真面目で誠実です。

そのため、伏し目がちになる人は信頼できるといえます。

「伏し目がち」な表情は、真面目さ・誠実さの表れ

人と話すときに伏し目がちになってしまう人には、他人を裏切ろうという気持ちがありません。

真面目すぎるために、いつでも自分を厳しい目で見つめて欠点を探し出していて、その結果、「自分はうまく喋れない」とか「相手の視線に射抜かれて、欠点があぶりだされるようで怖い」といった勝手な思いこみを抱えているのです。

そして、そんな欠点が他人の目に触れるのが怖い――となって、人と話すときに伏し目がちになってしまうわけです。

また、美人を前にしてドキドキし、相手

の顔をまともに見られない――という純情な人もいます。

いずれにせよ、このような人の心には、他人を支配しようという不純な気持ちはひとつもありません。こんな人と出会ったときには、こちらも自分をさらけ出し、真摯《しんし》に胸襟《きょうきん》を開いて語り合うべきでしょう。

全面的に信頼することで、強固な関係を築いていくことができるからです。

◆「信頼できる人」がやっている7つのこと

信頼できる人物か、そうでないかを見分けるポイントは他にもあります。次のような人は、信頼できる人です。自分の信用を積み上げていこうという地道な努力の姿勢が習慣化している人だからです。

①会話中に「メモを取らせてください」とことわりを入れ、メモを取る人。
②こちらの名前を「○○さん」と呼びかけて話すことが多い人。
③朝の挨拶を折り目正しく行う人。

④上司に名前を呼ばれたとき、真っ先にまず「はい！」と答え、振り向く人。
⑤愚痴、自慢話、噂話、下品な話、他人の悪口を言わない人。
⑥仕事の依頼を受けるときに「期限」や「締め切り」の確認をきっちりする人。
⑦鯨飲馬食《げいいんばしょく》に走らない人（セルフコントロール力がある）。

当たり前の事のようですが、これができている人は意外に少ないのです。

また、一見、あまり信頼できそうにないタイプでも、次のような人は信頼しても大丈夫です。自分の好きなことに興じても、自分の枠を守る人だからです。

①パチンコや競馬などのギャンブルに興じても「少額」しか投資しない人。
②前夜の飲み会でへべれけに酔っぱらっても、翌日朝の出社は一番早い人。
③社外を飛び回っているものの、前週の精算伝票は翌週に必ず提出する人。

これらに対して、信頼できない人は、**約束を破っても「まあ、何とかなる」などと考える〝自分に甘い人〟になります。**

机の上を見れば、性格も性癖も一目瞭然

◆机周りは「心の扉」

職場にいる人たちの机を見渡すと、個人によってかなり状況が違うことに気づかされます。実は、机の上の状況を眺めるだけで、その人物の性格が浮き彫りになります。机の上というのは、その人の「心の扉」だからです。

机は、性格、性癖、習性といった——かなり人間臭い側面を象徴します。人の机の状況を見て、「コイツは課長どまりだな」などと評する「デスク・アナリスト」もいたりしますが、それもあながち間違いではないのです。

机の上に、乱雑に書類やモノが散らばっている人は、やはり大雑把《おおざっぱ》でこだわりの

少ない性格です。よくいえば大らかで開放的な人ですが、脇が甘い人でもあります。必要なモノがどこにあるのか、いつもわからなくなって混乱をきたす人は、典型的にこのタイプだからです。面倒臭いことを避けたがるためにこうなります。

また片づけられないのは、人一倍仕事をやっている――という気分に浸りたい「自意識」の表れとも考えられます。「乱雑＝多忙」と結びつけて、自己正当化を図っているにすぎません。

机の上がきちんと整理整頓されてキレイな人は、物事を筋道立てて考える人ですから、理性的に仕事をこなしてくれると期待できます。

ただし、他人のだらしないところを嫌いますから、こういう人には折り目正しい対応が必要になります。自分にも他人にも厳しいからです。

また、机の上に家族の写真を飾ったり、趣味のグッズを並べている人がいますが、このような人は自己主張の強い頑固な一面をもった人だといえます。

「私は周囲の人とは違う」というプライドの高さも手伝い、自分の机の上を自分の

「お城」のように扱いたいわけです。趣味のグッズや家族の写真などが、周囲との関係を隔絶するお堀のような役目になっています。気難しいところが多い人です。

最もつき合いやすく、明朗かつ責任感のある人は、机の上はキレイに整頓されていても、引き出しの中などが乱雑な人です。外面は、他人の目障りにならないよう配慮し、内面は自由に開放する——といったかたちで、自分で精神のバランスを取ることに長けた気配りの人だともいえるでしょう。

◆高級文具を大事に使う人が隠している本性とは?

高級な文具類にこだわりをもち、それを大切に扱う男性は、かなりプライドの高い人です。文具は仕事に使う必需品です。しかし、小物だからといって、有り合わせで済まさないところに自身のプライドが感じられます。「高級文具はデキる自分が使うにふさわしいモノ」という位置づけになっています。気難しく、偏屈なところがある人なので、仕事でからかわれたり、ケチをつけられると逆上しやすいでし

机周り・持ち物からわかる「気をつけたいタイプ」

机の上に家族写真や趣味のグッズなどが多くある

……▶自己主張の強い頑固な人。プライドが高く、気難しい。

机の上に書類やモノが散らばっている

……▶大らかだが、脇が甘い人。「人一倍仕事をしている」という自意識も高いので注意。

高級文具をもち、それを大事に扱う

……▶かなりプライドが高く、偏屈なところがある。下手にケチをつけないこと。

ょう。気をつけてつき合いたい相手です。

女性が高級なブランドのバッグをもつ心理は、こうした男性のこだわりとは、かなり異なります。

女性の場合は、「ウェブレン効果」という顕示欲求に基づくことが多いからです。顕示とは、見せびらかしの心理です。

女性で高級ブランド品にはまる理由で、最も多いのがこれだといえます。

高級ブランド品で自分の価値を高め、自分の内面の自信のなさを、高級品を身に着けることで埋め合わせているのです。

作り笑いか否かは、〝目の大きさ〟に注目して見抜く

◆心と裏腹の表情はいくらでも偽装できる

人の感情は、「表情」にこそ、最も顕著に表れる——と誰もが思っています。

しかし、誰でもその気になれば、「怒り顔」「笑い顔」「悲しい顔」「ドヤ顔」「悔し顔」「妬み顔」…など、感情に裏打ちされた数種類の表情は、簡単に作れるようになります。

心と裏腹の表情を意識的に作ることは難しいことではなく、表情はいくらでも偽装できるわけです。

偽装表情の中で、最もよく使われるのは「作り笑い」でしょう。

笑顔は、好意を伝えるのに便利ですから、ありとあらゆる場面で使われます。

とりわけ男性は、女性からニッコリされると、何でも言いなりにさえなりかねません。

女性の「笑顔」に勝る説得力のある表情はない――といえるのです。

偽装表情を見抜くコツは、「目」にある

作り笑いに騙される前に、「本物の笑顔」か「作り笑い」かを、しっかり見分けられる方法を知っておきたいものです。

単純にいってしまえば、「作り笑いは、口だけが笑い、目が笑わない表情」といえます。

本物の笑顔のときは、頬の筋肉が目尻まで上がることで口唇《こうしん》が両端に引っ張られ、上瞼《うわまぶた》が下がり、下瞼《したまぶた》が上がるので細目になり、目尻に笑いジワまでできます。

これに対して、作り笑いは、口唇を両端に向けて引っ張るだけなので、頬の筋肉

はあまり上がりません。したがって、目尻の横の眼輪筋《がんりんきん》が上がらないから細目にもならず、目の大きさは変わらないことが多いのです。

◆「本物の笑顔」がわかるようになるたった1つの習慣

この他にも、作り笑いを見抜くちょっとしたコツがあります。

まず、作り笑いは意図的なものですから、本物よりも不自然に長く続いたり、疲れるので、逆にすぐに止んだりします。不自然なタイミングでピタッと笑顔がなくなったら、作り笑いだと考えられるでしょう。

また、作り笑いのときは、こちらの状況を把握したい心理もはたらくため、たいてい目が細められることなく、大きく開いています。さらに、相手に対して笑顔を強調したいあまり、コックリとうなずくジェスチャーが増えるのも、作り笑いの特徴です。

家族や、職場の特定の人の本物の笑顔と、作り物の笑顔の表情を、シチュエーシ

作り笑いを見抜く5つのポイント

目が見開かれたまま（細目になっていない）
頬の筋肉があまり上がらない
口唇は両端に引っ張られるだけ
不自然に長く続いたり、すぐに止んだりする
うなずきの回数が増える

ヨンごとに観察し見比べておくと、瞬時に作り笑いを見極める観察眼が養えます。テレビで話すタレントの表情も、筋肉変化の特徴をつかむのには便利です。

まずは、馴染みの家族の顔、職場の特定の人の顔がどんな変化をするかを覚えましょう。

1カ月ほどで、誰の顔でも、作り笑いか本当の笑顔かが識別可能になるはずです。

世の中は、本物よりも「作り笑い」があふれています。こちらも作り笑いの練習をし、「本物の笑顔」と思わせるよう心がけましょう。

美男美女がトクをするのは、「ハロー効果」のせいだった！

◆魅力的な外見は、錯覚を起こさせる

出会った瞬間において、美男美女は、何といってもおトクです。注目度も好感度も満点だからです。

とりわけ、若くて魅力的な美女を前にした男性は、もうそれだけでドキドキしてしまいます。特に男性は、女性を見るとき、女性を無意識に自分の子孫を残してくれる個体としてとらえています。「美しい女性＝優秀な個体」と本能で感知し、繁殖欲求を刺激されるわけです。もちろん、若くて快活なイケメン男性を前にした女性だって、ポワ～ンと夢見心地になるのは同じです。

このような魅力的な「外見的要素」は、対面した相手に一種の錯覚を起こします。
それは、相手の外見だけでなく、その人の内面の「性格」や「能力」「知性」までもが、優秀で魅力的に見える――という錯覚です。

◆秀でた1つの特徴が他のすべてをよく見せる

「外見的要素」の魅力によって、その人の内面まで魅力的に見える効果を、「ハロー効果（後光効果）」と呼びます。

人物の背後から、後光（ハロー）が放射され、他の分野までまばゆく感じさせられるために、この名がついています（印象がマイナス方向にはたらく場合は、「ネガティブ・ハロー効果」と呼ばれます）。

たとえ性格が意地悪で、何ら秀でた能力がなくても、外見が際立って美しいと、それだけで「優しい性格」や「知性的な人物」に見えてくるのです。

ただし、人の印象やイメージを司《つかさど》るのは、「外見的要素」だけではありません。

接触の度合いでさらに、別の印象やイメージも形成・補完されていきます。

たとえば、学歴、経歴、職業、地位、名声、能力、資格、権力、資産などといった「社会的要素」や、親切、誠実、真面目、優しい、献身的といった「性格的要素」も重要です。こちらも、一部分の魅力が際立っていることで、全体の魅力を輝かしいものにしてくれるので、外見同様にハロー効果をはたらかせる力があります。

◆一瞬の印象に幻惑されないために

外見のハロー効果は、人に一番影響を及ぼします。視覚に訴えるので、それだけ強烈です。ただし、メッキが剥《は》がれやすいのも、この外見のハロー効果です。さまざまな人と会ううちに、美女の中にも、知性の劣る人、性格の悪い人、下品な人がいることを学習します。また、やがて加齢とともに容姿は劣化していきます。そうなると、「性格的要素」や「社会的要素」のほうがより重要度を増すでしょう。

初対面の相手と会うときには、ハロー効果を意識してみましょう。

ハロー効果を意識すれば、イメージに〝あやつられない〟

自分の身だしなみを最低限整えれば、それだけでハロー効果によってよい印象が与えられますし、また、ハロー効果を意識していれば、相手がどんな美男美女であっても、外見に騙されることなく、内面をよく見ようと考えられるはずです。

ハロー効果でわかる通り、人は外見などの一瞬の印象に左右されてしまいます。重要なのは、一時的、刹那的なイメージに幻《げん》惑《わく》されて騙されないよう、日々、人の心を正しく読んでいく観察眼を養っておくことでしょう。

言葉としぐさが一致していない人の本音とは

◆「見た目」の情報がなぜ重要か

言葉でのコミュニケーション（バーバル）と言葉以外のコミュニケーション（ノンバーバル）を比べた「メラビアンの法則」によれば、私たちのコミュニケーションのほぼ9割が、言葉以外で成り立っていることがわかっています。

言葉以外のコミュニケーションとは、視覚情報（容姿、態度、服装などの見た目）と、聴覚情報（滑舌《かつぜつ》、声の大きさ、声の響きなどの耳に入る音）のことです。

実は、コミュニケーションにおいて重要だと思われている「話の中身や内容」といった言語情報が相手に与える影響は、たった1割弱と低いのです。

言葉よりも、見た目が相手に影響を与える！（メラビアンの法則）

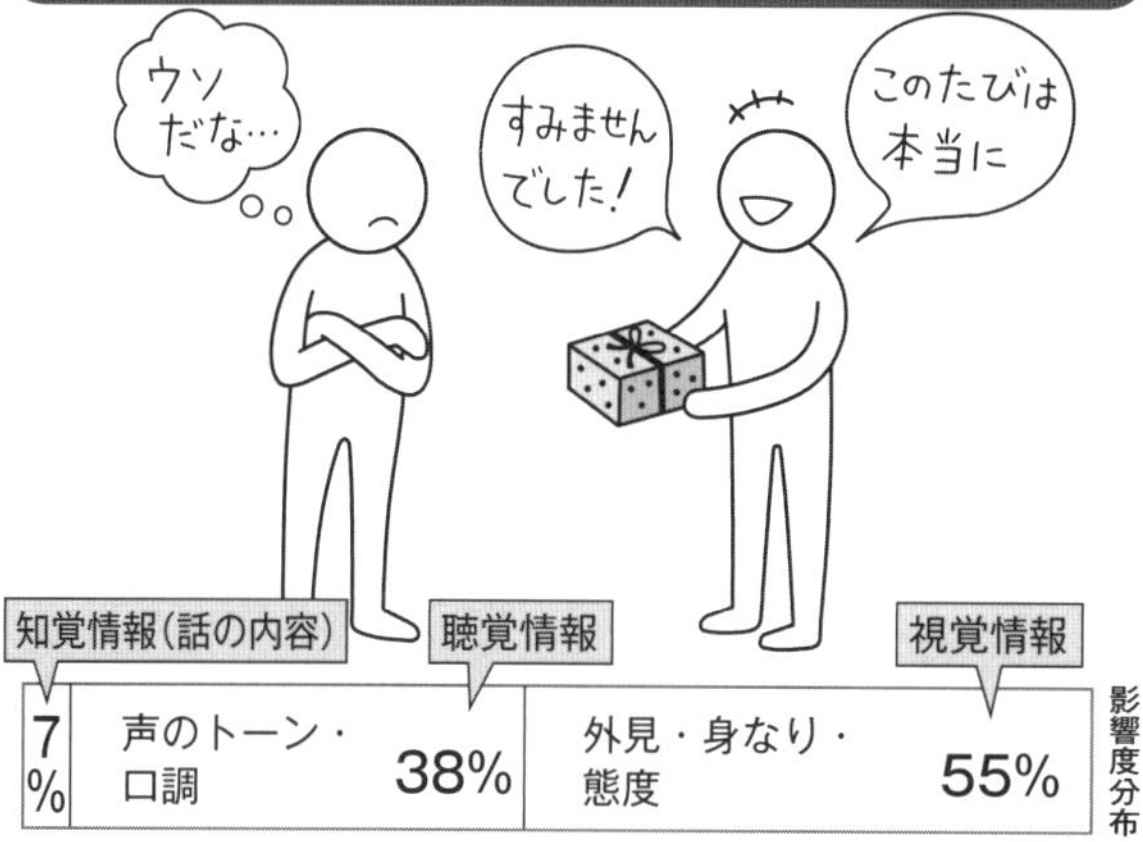

つまり私たちは他者と対面するとき、「言葉そのもの」よりも、それを伝える相手の表情や態度、声の調子・話し方に影響を受けているのです。

「このたびは、ありがとうございました」と言われたときには、相手の感謝の言葉が本物かどうか——を、相手の表情や態度、声の出し方で、判断しています。

ニヤニヤと笑いながら感謝や謝罪の言葉を口にされても、とても本気の言葉とは受け取れませんし、コイツナメてるな——と、思うのがオチでしょう。

コミュニケーションを良好なものにし、

さらに自分の思い通りに他人を動かしたければ、バーバルとノンバーバルの要素を、完全一致させることが重要です。

この2つが一致していれば、たとえウソをついていたとしても、相手にそれがばれにくくなるといえるからです。

同様に、**相手の言葉の意味内容が本当かどうかを見抜きたければ、バーバル面とノンバーバル面が完全一致しているかどうかを注意深く観察することに尽きます。**

バーバルに対してノンバーバルの矛盾がないか、見定められるようになれば、どんな人の心も読めるようになるでしょう。

◆視覚情報がない「電話と手紙」の賢い使い方

電話や手紙でのやりとりでは、相手に大きな影響力を与える視覚情報がないため、コミュニケーションはより複雑になります。

たとえば、電話では、会って話すときより自然と慎重になるのがふつうです。

声の調子が横柄でないか、雑な言葉を使っていないか――と注意するのです。

また、謝罪をするときに相手の元へ飛んで行って頭を下げて許しを請うのは、電話などでの謝罪だと、視覚情報がないために、心からのお詫びの気持ちが伝わりにくいということを、経験則でわかっているからともいえるわけです。

手紙は、どうでしょう。手紙では書いた人の表情も見えませんし、声も聞こえてきません。ここでのコミュニケーションは、言語情報だけになります。手書き文字の場合であれば、それが視覚情報になります。キレイな字で書かれているのか、下手くそな字なのか、文章は丁寧なのか雑なのかで、相手の心が本物かどうかを判断しています。丁寧に書かれた手紙の言葉が、人の心を打つことがあるのは、こうした作用に助けられるからです。

電話や手紙といったコミュニケーションツールは、顔が見えないぶん、小細工が利いて、真意をごまかしやすいともいえますが、ちょっとしたミスが命取りにもなりかねない――諸刃《もろは》の剣《つるぎ》でもあるのです。

COLUMN ①

「しぐさ」や「態度」から、相手の心の動きを知る！

無意識のしぐさや態度には、心の状況が表れています。しぐさ・態度からわかる心理状況をまとめました。

しぐさ・態度	心理状況
テーブルの上で手の指を組み合わせている	防御的で警戒心がある
腕組みをしている	批判的。もしくは退屈している
片手で時折ペンを回す	話題に興味がないか、何かが不安
テーブルに肘をつき、前のめり	こちらに興味・関心をもっている可能性大
アゴを上げて上から目線で見下ろす	批判的・攻撃的・懐疑的
首を少しだけ傾けている	懐疑的か、話に退屈して小休止中
頬杖をつく、おでこを手で支える	嫌悪・退屈・反感・批判的
時折こちらを見つめてうなずく	かなり好意的で、話にも納得している
微笑みの表情が絶えない	好意的で、積極的に味方になってくれる可能性あり
両足の足先がこちらに向けられている	興味・関心をもってくれている
片方の足先が、こちら以外に向けられている	心ここにあらず。無関心
両足がクロスされている	楽しんでいるかリラックスしている。脈ありのサイン

第2章

その「口癖・しぐさ」に本音が隠れている！

指と腕の組み方から、性格はここまでわかる

◆人づき合いのポイントを、指と腕の組み方から見抜く方法

右手と左手を合わせて指を組むとき、どちらの親指が上にきているか、また、腕を組むとき、左右のどちらの腕が上にきているかで、その人の性格がわかるという知見があります。

「指の組み方」には、思考の入力を司る後頭葉が、「腕の組み方」には思考の出力を司る前頭葉が深く関わります。そのため、指や腕の組み方で、脳への思考の入力時・出力時に、右脳と左脳のどちらが活発にはたらいているかがわかるのです。

左半身をコントロールするのが右脳、右半身をコントロールするのが左脳です。

そのため、左親指・左腕が上にくれば、思考の入力時・出力時にも右脳が支配的だといえます。反対に、右親指・右腕が上にくれば、左脳が支配的な状態です。

左脳は言語的・論理的・分析的・数学的なはたらきを司り、右脳は非言語的・映像的・直感的・芸術的なはたらきを司ります。左脳のほうが右脳より支配的な状況にある場合は、物事を論理的に考える傾向が強いといえるでしょう。このような情報を統合し、指の組み方・腕の組み方を見るだけで、人は4つの性格や感性のタイプに分類できるという考え方が広がってきたのです。これには科学的証明がないという批判もありますが、極めて実証的と支持する人も多くいます。

人は指と腕の組み方（57ページ参照）で、4つの型に分類されます。

＊うう型（右脳×右脳）…すべて直感思考・明るく楽天的・マイペース・自分好き。

＊うさ型（右脳×左脳）…直感でとらえ、論理的に処理・個性的・負けず嫌い。

＊ささ型（左脳×左脳）…すべて分析思考・論理優先・几帳面・生真面目・努力家。

＊さう型（左脳×右脳）…論理的にとらえ直感で処理・大雑把・お喋り・社交的。

次はコミュニケーションにおける、タイプごとの注意点です。

＊うう型…「楽しさ」「面白さ」「目新しさ」といった感性に呼びかけると反応が早い。フィーリングに共感してあげるとその気になるタイプ。

＊うさ型…感性を刺激すると喜びますが、論理的整合性がないとすぐに興味を失う傾向。企画と実務の両方に才あり。任せると喜ぶタイプ。

＊ささ型…真面目な性格なのでアバウトな話を嫌う。要点が整理された話が好き。コツコツすすめたいので急かされると苛立つタイプ。

＊さう型…真面目ですが飽きっぽい性格なので、周囲がいつも励ましてあげれば、引っ張ってくれる人です。ただし、批判にはへそを曲げるタイプ。

◆相手の性向は、とっさの「手の出し方」に表れる

もうひとつ、ふいの「手の出し方」でも大まかな性向がつかめます。「ちょっと手相を診ましょうか?」などと言い、相手の手の出し方を見てみましょう。

「指と腕の組み方」で性格がわかる

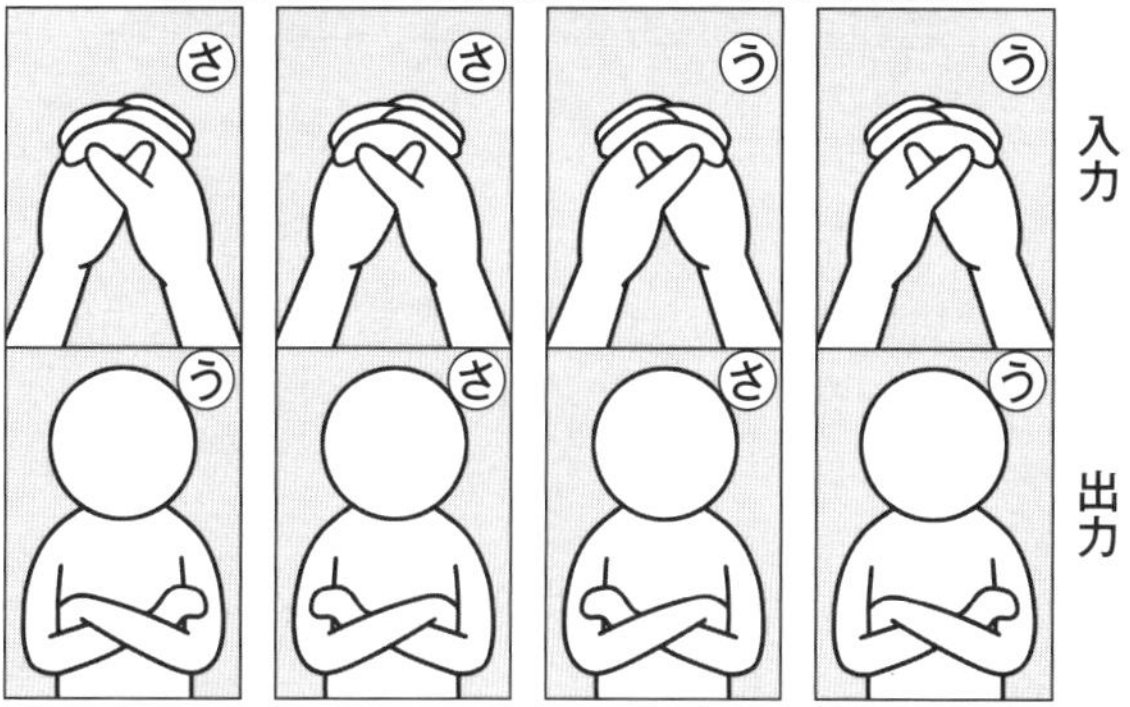
さ
さ
う
う
入力
う
さ
さ
う
出力
さう型
（左脳×右脳）
ささ型
（左脳×左脳）
うさ型
（右脳×左脳）
うう型
（右脳×右脳）

指をきっちり揃えて出す人は、気配りのできる常識人。折り目正しく品行方正ですが、人見知りなので、少しずつ距離を縮めるアプローチがおすすめ。

指を広げて無造作に出す人は、開放的な性格の人。自我が強くて突っ走る一面も。プライドが高く、ほめておだてるとすぐに仲良くなれます。

指をすぼめがちに出す人は、警戒心の強い人。内向的で臆病、倹約家です。自分と趣味や趣向が合わないと敬遠されますから、話を合わせることです。

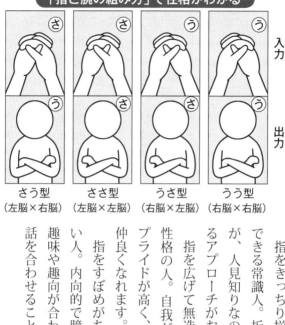

髪の毛をよく触る人は、実は「精神的に幼い人」だった！

◆人は心が不安定なとき、自分の体を触る

髪の長い女性が、心ここにあらずといった表情のまま、指で長い髪の毛の先端をくるくる回していたり、髪の毛の束をなでていたりするのを見たことがあるはずです。

男性からすると、とりわけ目につく女性のこのしぐさには、いったいどんな意味があるのでしょうか。

髪の長い女性に、時折見られるこのしぐさは、「自己親密行動」のひとつです。

自分の手で自分の体を触る行為全般をこう呼びます。

不安がある、緊張する、心にモヤモヤ感がある、不満がある、など、心が不安定

になっているときに見られるしぐさといわれます。自分の体に自分で触れ、無意識に自分自身を可愛がることで、心理的安心を得ようとしているわけです。

イライラして頭をかきむしったり、首の後ろをさすったり、手の甲を唇に押しあてていたり、腕に頭を乗せて机の上で伏せったり…。自分を可愛がっているように は見えないものも含め、ありとあらゆるしぐさが、自己親密行動に含まれます。

会話中に、女性が髪の毛をもてあそんでいたら、「退屈している」「何となくかまってほしい」というサインだと理解することです。

話題を変えて相手に話す機会を与えたり、リラックスできるように優しく気遣ってあげると、あなたの好感度もアップするでしょう。

◆口に触る回数で、他人への依存度がわかる！

実は、こうした自己親密行動の多い人ほど、甘えん坊の気質を引きずっています。

依存心が強かったり、わがままで自己中心的な性格だったりするのです。

人前で、髪の毛をもてあそぶ女性は、精神的に自立していないことが、容易に窺えます。こういう女性とつき合う男性は、注意が必要です。自分のわがままが通らないと、駄々っ子のようになる性向があるからです。

過剰な自己親密行動以外にも、精神的に自立していない人や他人への依存度が高い人が見せるしぐさがあります。

代表的なものは、大人になっても親指の先をしゃぶる、爪を噛む、唇をやたらと触る、始終ガムを噛んでいる、タバコをよく吸う、しきりに口に食べ物を運ぶ――などです。

これらのしぐさは、赤ちゃんの頃のおっぱいしゃぶりの名残りで、「口唇《こうしん》欲求」とも呼ばれる行動です。**お母さんのおっぱいに吸いついて安心していた赤ちゃんの頃の経験を再体験しようとし、無意識のままに、心の安定・安心を求めて、つい口への欲求を求めてしまう行為だと考えられます。**

また、依存心が高く、精神的に自立していない人には、共通してよく使う言葉が

こんな人は精神的に自立していない

やっぱさ〜
つねにガムを噛むなど、つい、口への欲求を満たそうとする
この他にも「まあ」「何で〜？」「あんねー」などが口癖の人は依存度が高め
自己親密行動が多い

あります。

代表的なものは、「まあ」とか「一応」などの、とりあえず成行きに委《ゆだ》ねる言葉、「どうして〜?」「何で〜?」といった相手からの意見を待つ言葉、「でもさー」「やっぱさー」と人の意見を否定的に扱う言葉、「あんねー」「えっとさー」と子ども心に戻っているかのような言葉などです。

誰かに頼っていたい——という依存欲求をもつ人は意外に多く、あなたの隣にいてもおかしくありません。依存屋を見極めることで、面倒事を避けることもできるでしょう。

過剰にジェスチャーをする人の深層心理

◆ジェスチャーの多い人は「ナルシスト」

会話中にジェスチャーが混じる人は、情熱をこめて話している印象になります。言葉だけでなく手や腕を振り、リズミカルに言葉と連動させると、体全体で語りかけるように見えるからです。話が、立体的、具体的に迫ってくるような錯覚にも襲われます。話し手が熱心というイメージづくりに大きく貢献するのです。

スピーチがうまかった過去の政治家や著名経営者の古い映像などを見ても、たしかに効果的にジェスチャーを用いています。

言葉に熱をこめて説得力を増すのに、ジェスチャーは極めて有効な手段なのです。

とはいえ、それも程度問題です。ジェスチャーに頼りすぎて、話の内容がイマイチ空疎《くうそ》という人もいて、それだとかえって話の信憑性が疑われます。

また、心理学的にはジェスチャー過多の人にはナルシストが多いといわれています。自分で過剰に「情熱」を演出し、さらにその自分の姿を心に思い描いて自己陶酔しているからです。

ところで、ジェスチャーに関しては、ジェスチャーをしたことで自分の印象が悪くなる「絶対やってはいけないもの」があります。

代表的なのが、相手に向かって「指をさすジェスチャー」です。指をさすのは相手を見下して指図を与えるような印象になります。そのため、相手の責任を糾弾するときには好都合ですが、人との会話ではタブーなのです。また、人差し指だけを、上に突き立てるのもNGです。これも同様に、自分を上位者に見立て相手を見下す印象をつくるからです。

反対に「相手に好印象を与えるジェスチャー」のポイントは、掌の内側を少しでも相手から見えるようにすることです。
人は相手の掌に何も握られていないことで、安心し、相手に対して信頼感を抱くようになるからです。

◆よく「え？」と言う人の扱いには気をつけて

「自分大好き人間」であるナルシストな人と同様に、周囲にいると少し面倒なのが、プライドが高い人です。自分に自信があるのはよいことですが、少しでも反対意見を言ったりすると、猛烈な勢いで否定してきたり、へそを曲げたりと、扱いに困ることが多々あります。

プライドが高い人によく見られる口癖が「え？」というものです。

何か話しかけたり質問をしたりしたときに、すぐに反応してくれず、何度か呼びかけてやっと「え？」と言いながら、振り返るようであれば、完璧にプライドが高い人といえるでしょう。

プライドの高い人とナルシストの会話例

呼びかけに本当に気づかなかったならいざ知らず、絶対に聞こえていたのに、「え？」と、聞こえなかった振りをするのは、「他人のことなどまったく気にしていなかった私」を自己演出したいからです。

実はこれは、「周囲から自分がどう思われているか気になって仕方ない気持ち」の裏返しです。

つねに自分のことばかり考えてしまうプライドの高さや、自意識過剰な精神を丸出しにしている恥ずかしい受け答えともいえるのです。

「でも」と「なるほど」の使い方からわかる相手の本性

◆傲慢な人がよく使う「でも」「だけど」の口癖

相手の話を受けてから、自分が話し出すとき、「でもねえ〜」「だけどさあ〜」「しかしねえ〜」などと逆説の接続詞を、必ず頭につけてから話す人がいます。

相手の話を否定的に受け止めるのが習慣になっている人です。

自己主張の強い人として、周囲の人たちも呆れ気味でしょう。誰だって自分の意見に反対されるのは、気分のよいものではないからです。

「でも」「だけど」が口癖になっている人は、自分の意見を押し通したい気持ちが強すぎる人なのです。ろくに人の話だって聞いていないでしょう。

「でも」「だけど」の口癖は、人の意見より自分の意見のほうが正当性があるという思いこみの強さを示しています。

「でも」「だけど」「しかし」という逆説ではじまったのに、こちらの意見と大して変わらない話をはじめる人さえいます。それなのに、「それ、私の意見と同じじゃない。どこが違うの？」などと指摘されると、ムキになって「全然違うでしょ。それがわからないの？」などと開き直っています。

自分の意見は相手と違っている――とあくまで言い張ります。このことから、「でも」「だけど」が多い人は、とても幼稚な人だということもわかるのです。

自分が誰に対しても支配的でないと面白くないために、「でも」「だけど」「しかし」と切り出し、無理やり自分の主張を目立たせることが習慣になっているわけです。

いずれにしろ、人の話を否定的に受け止める口癖の人は嫌われます。

人の話を受けるときには、まず「なるほど」「そうですね」などと、いったん相手の話を肯定的に受け止める習慣をもつことでしょう。

そこからはじめて、「ところで、私はこんな風にも考えているんですが〜」と水を向け、自分の意見を述べるべきなのです。

もしも「でも」「だけど」で返す癖があると自覚のある人は、自分が無意識のうちに、傲慢な心理になっていないか、考えてみることです。他人より下の位置につきたくない——という性分が、「でも」「だけど」という口癖として表れるのです。

◆「なるほど」を連発している人ほど、話を聞いていない

会話で相手の言葉を受けるときに、「なるほど」と相づちを打つ人は、スマートな印象を与えます。会話の礼儀作法を心得ているからです。

「なるほど」というのは、「ごもっともです」「私もそう思います」などと並ぶ共感を表す相づちです。

「共感」は、相手の気持ちに寄り添うだけで、意見の一致をみたわけではありませんが、共感型の相づちをうまく使うことで、相手に「自分のことをわかってもらっ

「返答・相づち」でわかる相手の心理と性格

・早く自分が話をしたい
・自己中心的

・自分の主張を押し通したい
・支配的、幼稚

ている」という安心感を与え、会話を盛り上げる効果があります。

ただし、「なるほど」を連発するのはいただけません。**「なるほど」を連発する人は、早く相手に代わって自分が話したいため、心のこもらない口先だけの「なるほど」を言っているにすぎないからです。**これは共感ではなく、自己中心的な気持ちの表れといえます。「なるほど」を連発して使う人には、「きみって、なるほどとよく言うね」とはっきり指摘してあげると、自分勝手な性癖に気づき、狼狽《ろうばい》して態度を改めるはずです。

方言、流行語、丁寧語を多用する人の扱い方

◆方言を使う人を一発で味方にするワザ

関西出身のお笑い芸人がテレビを席巻《せっけん》しているせいで、今では関西弁に抵抗感をもつ人は少ないでしょう。もともと関西の人は、どこに行っても積極的に関西弁を使う人が多かったものです。言葉に独特のプライドをもっていることが窺えます。

出身地の方言をなるべく使わないという一般的な地方出身者と比べると、やはり関西の人は、独自のカラーをもっているようです。

ところで、職場で時折、わざと典型的な「お国言葉」を使う人がいますが、このような人は自己主張が強いといえます。

自分の出身地をイメージさせることで、自分のキャラクターを意図的に演出しているのです。郷土カラーを出し、自分のアイデンティティーを主張しているともいえるでしょう。私はあなたとは違う風土で育った人間です、というメッセージを出しているわけです。そういう意味ではちょっと頑固でマイペースな人でもあります。そんな人には「わあ、○○県ご出身？　いやあ、○○県っていいなー」と水を向けてあげましょう。こちらに好意を抱いてくれること、間違いなしだからです。

◆流行語を使う人は、こうあやつる！

自分の話に新語や流行語を取り入れて、悦に入っている人もよくいます。「いや～爆買いしちゃったよ～」などと、よく耳にする言葉を自分のセリフに無理やり入れるのです。流行語は、いわば社会共通の潤滑油です。しかも一時の新鮮な現象面をとらえていて感化性も高く、それなりの説得効果があるでしょう。旬なうちに使えば「おっ！　きたか」と相手の心を和ませる効果もあります。

こういう言葉を多用する人は、「世の中の進歩とともにオレも生きているぞ」という実感をつねに感じていたい人なのです。「アグレッシブな自分」を主張したい人であり、そういう面で、周囲の人との親和欲求が非常に強い人ともいえるのです。

このような人にはこちらも折に触れて、最新の流行語で応じると、仲良くなれます。

また、職場には、冗談を言っては自分で「ガハハハッ」と大笑いしている人がいます。そういう人は、受けようが受けまいが関係ありません。中高年男性に多いタイプでしょう。若い女性からすると、空気の読めないバカオヤジのように思えますが、本人は少しでも周囲を明るいムードにしたいという殊勝《しゅしょう》なサービス精神にあふれています。

実は、こんなタイプの人に相談をもちかけると、意外にも親身に応じてくれます。地位やプライドを振り回すことなく、自分を犠牲にできる人は少ないからです。

◆敬語や丁寧語に隠された「拒絶のサイン」とは

敬語・丁寧語は〝心のバリア〟

ご面会の時間を
頂戴できまして
誠に喜ばしい限りで
ございます

警戒心が強い人は、会話の中で、敬語や丁寧語を多く使う傾向があります。

敬語や丁寧語の多用は、コミュニケーションを阻害します。一向に距離が縮まらないからです。**敬語や丁寧語は「よそ行き」の言葉なので、多ければ多いほど、それがバリアになります。**

様子を見ながら、こちらから気さくな言葉遣いを心がけても、相手が敬語を多用するようであれば、よい関係になれない相手――と見切りをつけたほうが無難です。

「慇懃《いんぎん》無礼《ぶれい》」は、「拒絶反応」に他ならないからです。

わかっていない人ほど、「つまり…」で話をまとめたがる！

◆「つまり」「要するに」の言葉の裏にあるもの

「つまり、きみの言いたいことは～」

「要するに、きみの主張は～」

相手の話を何がなんでも、自分の考えの範囲内でまとめ、要約しないと気が済まない人がいます。頼んでもいないのに、勝手に人の話をまとめてくれるのです。

このような人は多くの場合、人の話を要約したつもりが、「つまり～」「要するに～」に続く言葉が、的外れであることがよくあります。

論旨がずれていたり、3つあったポイントが、ぐじゃぐじゃになっていたりで、理解力・解釈力に疑問符がついてしまいます。

実は、「つまり」「要するに」を多用する人は、もともと理解力が低いことが多いのです。

聞いた言葉への「咀嚼力《そしゃくりょく》」がないからこそ、自分が理解しやすいよう、他人の話を「つまり」だの、「要するに」などと、もったいつけた言葉を使って、自分なりにまとめてみないと気が済まないのです。

トンチンカンな要約は、こちらにとっては大きなお世話ですが、相手の理解力のなさを露呈させるセリフなので、〝相手を知る〟ためには大きな手がかりになります。

◆本音を読むために知っておきたい「口癖の意味」

口癖は、その人の本音や本性を露呈させます。心理学でも口癖は格好の研究材料になっているのです。

ゆえに、次のページにあるような口癖を連発していると、いずれ周囲から、「こんな人なんだな」などと、本音を読まれかねないでしょう。

＊「やはり」…自分の判断や意見を誇示したい気持ちが強い人によく見られる。
＊「まあ」「一応」「とりあえず」…こう言っておけば安心という防御心が強い人。
＊「でも」「だけど」…根本的にネガティブ思考の人。また、負けず嫌いな人。
＊「っていうか」…自己中心的で、自分の主張を通したい、わがままで幼稚な人。
＊「考えとく」…断ることに躊躇《ちゅうちょ》しない意志堅牢《けんろう》な頑固者です。協調性ゼロの人。
＊「きみのためだよ」…「自分のため」なのをすり替えて言う狡猾な性格です。
＊「悪いようにはしないよ」…自分の都合優先の人。ウソを平気でつく傾向の人。
＊「何で？」「どうして？」…他人任せで自分がない無責任タイプ。依存的性格。
＊「すみませんね」…相手に悪いとは考えない、自分優先のわがままな性格。
＊「だから」…不平不満の塊。自分の意見を押しつけたいわがまま人間です。
＊「絶対」…思いこみが激しく確信しているように見せるも、無責任体質です。

「自分優先な人」「自分の意見を押しつけたい人」によく見られる口癖

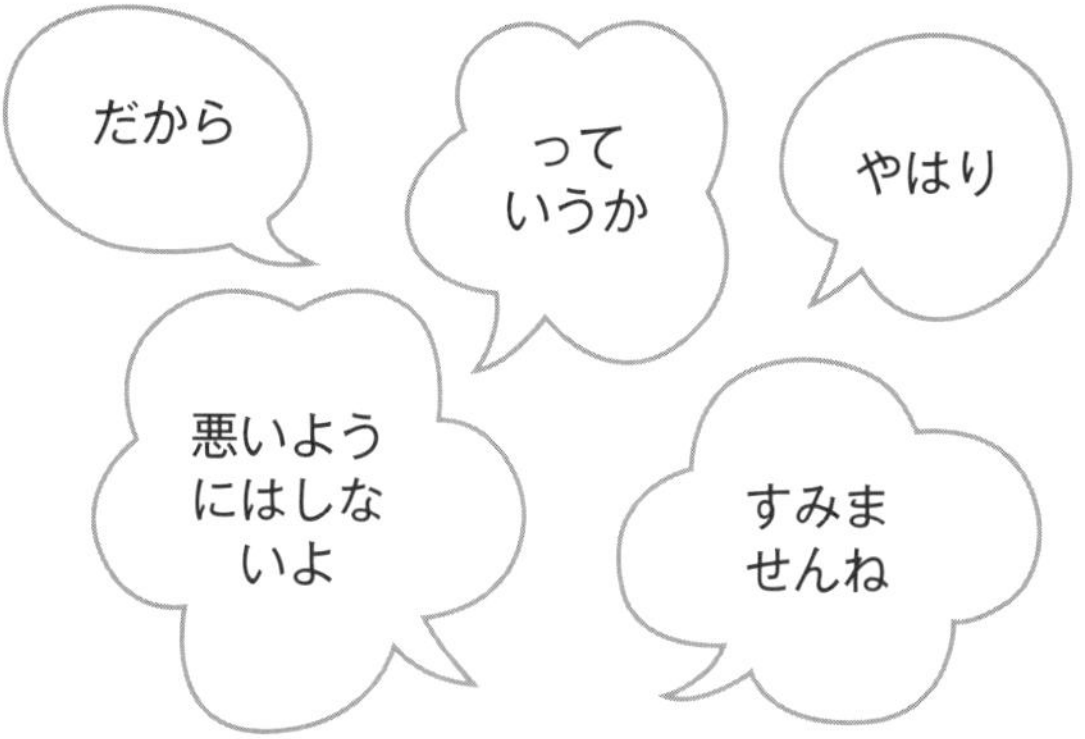
だから
っていうか
やはり
悪いようにはしないよ
すみませんね

＊「ちなみに」…補足情報をつけ加えたい親切心と知識自慢が同居した性格です。

＊「忙しい」…自分の存在を誇示したい人。淋しがり屋。

＊「たしかに」…納得した振りで話を終わらせたい、せっかちな性格。

＊「一般的に」「常識的に」…自分の主張を一般化して押しつけたい、わがままな性格。

口癖には、自分が無意識のうちに強く感じていること、願望、嫉妬、不満などが、表れる傾向にあるわけです。

「カワイイ！」には〝コンプレックス〟が潜んでいる

◆「カワイイ」＝「カワイイと言ってほしい気持ち」の表れ

「これってすごくカワイイ！　ねえねえ、これってカワイクない？」

どこに行っても、「カワイイ」を連発する女性はいるものです。

日本の「カワイイ（ＫＡＷＡＩＩ）」は、すごい勢いで世界に広がっています。「カワイイ」のさす意味も拡大していますから、中高年のお父さんはついていけないでしょう。「何でこれがカワイイの？」といった具合です。

カワイイを連発する人は、その行為が、自分の心の「投影」であることに気づいていません。**投影とは、自分の心のうちにある思いを何かの対象に映してみること**

です。つまり、自分がカワイクありたい願望が、見るモノの「カワイイ」の中に投影されているのです。カワイイを多用する人には、自分の容姿に少々コンプレックスを感じている傾向も窺えます。

こんな人には、「きみも、カワイイね」と、ひと言言ってあげるだけで、大喜びするでしょう。自分の中のコンプレックスが、第三者から否定されることで、自信につながるからです。「カワイイ」とほめるのは容姿でなくても構いません。服装でも靴でも、持ち物のポーチでも構わないのです。

ほめられれば、ほめられるほど自己肯定感が上がり、その人からもっとほめてもらいたくなります。人は報酬をくれる人に懐《なつ》く習性があるからです。

ほめてくれる人が男性なら、憧憬《しょうけい》の念が高まり、やがてカップルへと発展する可能性も高いでしょう。ほめてくれる人が女性なら、無二の親友になれるかもしれません。あなたが距離を縮めたい相手が「カワイイ」を連発する人であれば、「カワイイ」と積極的に言ってあげることです。簡単に親しくなれるでしょう。

◆悪口をよく言う人の深層心理

「あいつって、ホントにケチなんだぜ。こないだもさあ…」

「あいつとは、つき合わないほうがいいよ。ウソつきだから。だってさあ…」

他人の陰口をやたらに吹きこんでくる人には、閉口します。

実は、他人の悪口をよく言う人も、他人への投影を行っています。他人への悪口は、自分への悪口たるゆえんなのです。自分の中の醜い部分を封印しているのに、それを大胆に実践している人を目撃し、心のバランスを崩してしまい、悪口が出てしまうのです。**陰口を言う人は、そのことについて、自分自身も人一倍コンプレックスをもっている場合がほとんどといえます。**

このような「悪口に隠された深層心理」を知っていても、繰り返し誰かの悪口を聞かされるのは、面倒なものです。その上、聞かされた陰口への同意まで求められることもよくあるのでうっとうしいのです。

「投影」の原理＝ケチと言う人は自分がケチ

自分が封印している「影」を「他人」に見るので嫌悪する

うかつに同意しようものなら、どこかで勝手に自分の名前まで使われかねません。

こういう悪口を、最後まで聞かなくて済む方法を覚えておきましょう。

悪口がはじまったら、「へー、きみって観察眼が鋭いねえ、細かく見てるもんだねえ。ところでさ、東京オリンピックの新競技だけどさ…」などと、相手の観察眼だけほめて、勝手に別の話をはじめるのです。

ほめているので相手も悪い気がせず、スムーズに悪口をシャットアウトでき、面倒な思いをしなくて済むでしょう。

交渉を続けてよいかどうかは、テーブルの上を見て判断する

◆撤退のタイミングを表す「拒絶サイン」とは

テーブル越しに相手と話すとき、手をテーブル上に置き、両手の指を組んでいる人がいます。テーブルの下、膝の上などで手を組んでいる人もいるでしょう。よく見るとわかることですが、これは無意識に自分の前に囲いを作っているかたちになっています。防衛心理の表れで、相手にずかずかと自分のテリトリーに入ってきてほしくない——という気持ちを表しています。

どんなに打ち解けた雰囲気で話しているように見えても、相手がこんなしぐさをしていたら、まだまだ相手はこちらに警戒心をもっている証拠です。

こんな人に、立ち入った質問や詳しい内情について尋ねても、うやむやな説明してくれないはずです。すでに「拒絶心理」で心が固まっているからです。こちらが積極的になるほど、引いてしまうのです。

新しい提案への賛同を求めたところで、その場では意見を控え、うやむやにされることが多くなるのです。

また、会話がどんどんすすんでいるにもかかわらず、テーブル上の自分の前に、飲み物や調味料を置いたままの人も、両手で囲いを作るのと同様に障壁を築いています。飲み物や調味料といったテーブル上の邪魔なモノは、無意識のうちに横に押しやり、相手との間に「開放空間」を作るのがふつうだからです。

こんな場面では、説得は時間の無駄になります。

どうしても、説得したい場合は、別の機会にするべきです。

充分な裏づけや賛同者の存在を多く提示し、もう少しゆっくり時間をかけて、相手の警戒心をあらかじめ取り除くことに腐心しなければなりません。

他にも、「拒絶を表すサイン」を見ておきましょう。次のような場合です。

＊会話中、相手が腕組みをしたままでいたり、首を傾《かし》げる動作がある場合は、今、結論を出したくないと感じています。

＊相手が、顔をやや横に向けたまま、こちらを見て話すようなときは、話に懐疑的な証拠です。

こんなときにも、早めに話題を転換し、交渉は次の機会に委ねるべきなのです。その場を取り繕い、良好な人間関係を保つべく、相手の趣味の話や、得意分野の話題で盛り上げ、お茶を濁して次回へつなげましょう。

◆あの動作も、「退屈を示すサイン」だった！

また、拒絶サインに合わせて押さえておきたいのが、「退屈サイン」です。これも交渉のタイミングや、話の切り上げ時期を見定めるのに使えます。

「目が泳ぐ」「テーブル下で腕時計をチラ見する」「相づちが少なくなる」「目が虚《うつ》

「話に興味アル・ナシ」は、テーブルの上を見ればわかる

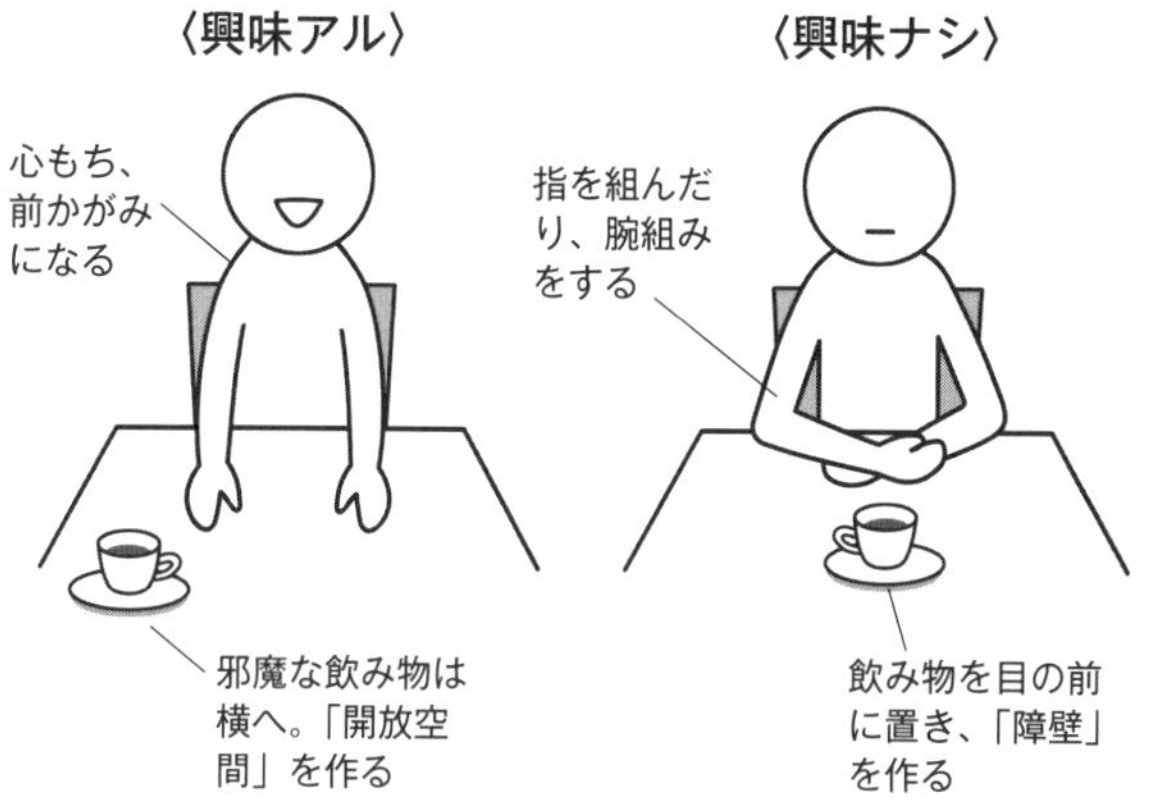
〈興味アル〉
心もち、前かがみになる
邪魔な飲み物は横へ。「開放空間」を作る
〈興味ナシ〉
指を組んだり、腕組みをする
飲み物を目の前に置き、「障壁」を作る

ろになる」「アクビを噛み殺しているために、時々鼻孔《びこう》が膨らむ」「首を傾げ血行をよくするしぐさをする」…。経験則でも見当がつきますが、こんな表情や動作を見つけたらすぐにでも話題を変えたり、会話を切り上げるべきでしょう。

反対に、相手がこちらの話に食いついてきたときは、背もたれから背を離し、心もち前かがみになって話を聞くようになります。重要な提案を打診するときには、このようなタイミングを見計らって行うのがよいでしょう。

歩き方でズバリわかる、その人の性格

◆音楽を聴きながら歩く人は、自己中心的!?

職場にいる人たちが、本当のところは、どんな性格なのか知りたければ、その人がひとりで歩いているところを見ることです。昼休みやアフターファイブが一番の狙い目になります。朝の出勤時間帯でもよいのですが、この場合は、出社時間に追われ早足で歩く人が多いので、かなり判断がつきにくくなります。

むしろ、そんな時間帯は、**急がずに悠然と胸を張ってゆっくり歩いている人がいないかをチェックするチャンスです。いれば「大した大物」だからです。**

「歩き方別」の性格診断とつき合い方のポイントは、次のようにまとめられます。

＊早足で歩く人……………自分本位に物事がすすまないと苛つきやすいタイプ。決断力に富む。メリハリの利いた受け答えが好き。

＊大股でゆったり歩く人……野心家で物事を大局でとらえる親分気質の性格。趣味などで私的関係を築き、懐《ふところ》に飛びこめば頼れる人です。

＊テンポよく歩く人………合理的な思考の持ち主で自信家ですが世間体重視のタイプ。自分にも、他人にも、厳しいので甘えは禁物です。

＊音楽を聴きながら歩く人…自分の世界を大事にしたいタイプ。マイペースで自己中心的。気分屋なので振り回されないように用心を。

◆人に声をかけるときの態度でわかる「喜びのツボ」

歩き方の他にも他人へ声をかけるときの態度で、その人の特性や心の状態が推測できます。上司や同僚、隣人や友人の行動を観察してみましょう。

まず、**遠くにいる知人を、大きな声で呼んだり、大声で挨拶するのが平気な人は、目立ちたがりです。**

チャンスがあれば、自分の権威を周囲に見せつけたい本音があります。

このタイプの人間は、自分より立場が下だと思っている人からは、つねに尻尾を振ってもらいたいので、懐いてこないと機嫌を損ねます。狭量《きょうりょう》ですが、おだてには弱いタイプなので、日頃から自慢話などを積極的に聞いてあげると喜びます。

次に、**人に声をかけるときに、自分のほうから気軽に相手のそばまで行って、気さくに話をはじめる人はオープンな性格です。**権威におもねるところもなく公平公正を志向する人です。それだけに「いい加減に見えるタイプ」には批判的です。

このような相手とうまくやりたければ、品行方正に見せておき、相手から非難を受けない行動で安心させるとよいでしょう。

また、**小さな声で、こそこそ耳打ちするように声をかける人は、かなり神経質な性格です。**自分の話したことを誰かに聞かれたくないという秘密主義ですから、扱

歩き方をチェックするなら、昼休みやアフターファイブが狙い目

いには気をつけたほうがよいでしょう。

自分の考えや、言ったことと違うと、その子細《しさい》なことにもこだわるタイプなので、根回しや頻繁なコンタクトで安心させておくことが必要です。

以上の通り、単純な「声かけ」の特徴から、それぞれの性格タイプや行動を見極めることができます。

職場の上司などであてはまる人物がいるときは、以上のような諸点にポイントを置いて対応すると、上司のあなたへの覚えも、相当めでたくなるはずです。

隠し事をしている人の行動は、いつもとどう違うのか

◆「隠密動作」をとっている人に注意！

動物は、猛獣などの敵を発見すると、危機感から一瞬にして固まり、息を殺して身構えます。心臓が高鳴り、呼吸も浅くなり、全身の筋肉も硬直します。

そして、まだ敵に見つかっていないとわかれば、ソロリソロリと身を潜めて撤退するのです。**こうした行動を「隠密《おんみつ》動作」といいます。敵に気づかれまいと、息を殺し、自分の存在をあたかも消し去っているかのように振る舞うことです。**

実は、私たちの日常生活にも、こうした隠密動作は散見されます。

＊前のほうからイヤな人が歩いてくると、一瞬にして緊張しますが、たちまちさり

げない振りで、他の方向に歩き出します。

＊外回りの営業をサボり、映画を観てから会社に戻ると、後ろめたい気持ちが横溢《おういつ》していいます。そのため、上司と目を合わさなかったり、同僚ともそっけない会話に終始し、自分の存在を目立たなくし、周囲の動静を窺います。

＊クラスで、先生から試験の答案が返されるとき、成績が悪いことを自覚している生徒は、イヤな時間が通りすぎるのを縮こまって待ち受けます。

つまり、ウソをついているときや、バツの悪いことをやってしまったとき、不都合な事実を隠したいときなど、心の中に不安や罪悪感などがあって、自分の存在をそこから消したいときに、あたかもそこに存在しないかのように振る舞う――それを隠密動作というのです。

相手がウソをついていないか、また、隠し事をしていないかを知りたければ、隠密動作の有無を見極めるとよいでしょう。

◆歩幅・姿勢・手の動きから相手のウソを見抜く

本人が隠しているつもりでも、注意深く観察すれば、隠密動作は簡単に発見できます。表情や態度がどことなく変で、怪しいからです。

自然に振る舞っているつもりでも、潜在意識はウソがバレないかを恐れ、緊張しているためです。

また、人が「隠密動作」を行っているときの大きな特徴は、「動作が極端に小さくなる」ことです。歩幅も狭く、身体も丸くなり、手足の動きも小さくなります。

万引き犯の特徴も、入り口ではキョロキョロと店内を見回しますが、店内では自分の存在が目立たないよう、努めて自然な振る舞いを装って歩きます。

しかし、随所に表れる「隠密動作」によって、早々と万引きGメンに目をつけられ、かえって一部始終の行動を観察され、店を出たとたんに御用となるわけです。

職場でも、「アレレ? この人はいつもと違うぞ」と、ピーンときたら、じっくり

観察すべきです。何かを隠しているか、これから悪だくみを実行に移そうとしているかも知れないからです。

あなたの前で、これからウソをつこうとしている人、また、すでにウソをついていて、バレないかを心配している人は、ちょっとした動作がいつもより小さい、なぜか目を合わせようとしないなど、どこかに怪しさが漂っているはずです。

日頃から、職場にいる人たちの動きを微細に観察し、そういう人がいないかリサーチする習慣で、災いを事前にキャッチすることも可能となるでしょう。

笑顔が絶えない人はウソをついている⁉

◆邪悪な心は口の片端に表れる

＊誰かにウソを吹きこみたいと思っているときの相手の表情を知りたい——。

＊自分の策謀に巻きこんで、利益を得ようとしている人の表情を知りたい——。

誰だって、相手の「邪悪な心」を読み解くテクニックがあれば知りたいものです。

ここでは、相手のウソや騙しを見破るときの、いくつかのチェックポイントを会話の流れに沿って紹介していきます。

まず、こちらに近づき、騙そうとしてくる人には「作り笑い」が多く見られます。

会話中もできるだけ笑顔を絶やさないようにして、こちらをリラックスさせ、安

心させようとします。相手のウソを見極めたければ、会話の中で「へーっ、そうなんだ」「それっていいですね」などと興味がありそうな素振りを示すとよいでしょう。

ウソをつこうとしている人や、こちらを騙そうとしている人は、こちらが乗り気になったとたんに急に早口になります。魚が針にかかったと思い、ここぞ――とばかりに焦ってリールを巻くため、早口になるわけです。

もっともプロの詐欺師なら、この程度の反応では、まだまだ糸をたぐったりしません。獲物ががっちり食いつくまでは、慌てないのです。

そんなときには、こちらも、もっともっと興味のある振りをすべきです。すると、相手の作り笑いの表情が消え、目つきが真剣に変わってくるはずです。「作り笑い」の表情は、「本物の笑顔」と違って、意図的に行っていると疲れるため急に消えます。また、ここから真剣勝負と思えば、笑ってはいられません。

親身なアプローチを心がけてきたつもりでも、獲物がかかったと思うと、気がはやり、つい笑顔も忘れがちになります。**すると、面白いことに、相手の口唇の片端**

だけが、上に持ち上げられ、顔の片側だけが歪んで笑う表情になるのです。
これが、人を騙そうとする瞬間によく見られる「たくらみの笑顔」なのです。

人間の表情研究に詳しい米国の心理学者によると、唇の片端がわずかに上がる表情は、「軽蔑」の他に、獲物を仕留めるとき独特の「得意」の心理を表します。

さらに、唇を舐めたり、アゴを突き出し、口を尖らせながら話していれば、相手はクロージング間近と思って興奮している証《あかし》になります。

このような表情が見えたら、突き放すように「やっぱり、やーめた！」と言ってみましょう。相手の眉間に「怒り」のシワが寄るなら「騙し」は間違いなかったといえます。

◆ウソをついている人がついとってしまう表情・行動

この他にも、ウソがバレそうなときに表れる身体的特徴も見ておきましょう。

前項で紹介した隠密動作はこっそりと行われますが、ウソをついている人が、誰

〈〝ウソを見抜く〟チェックリスト〉

- □ 作り笑いが多い
- □ こちらが乗り気になると、急に早口になる
- □ 口唇の片端だけを持ち上げて笑う
- □ まばたきが多くなる
- □ 文法的に変な言葉になる
- □ 尋ねてもいないことを話し出す

→ひとつでもあてはまれば、ウソをついている可能性アリ！

かに対面で疑われたときには、次のような表情・動作が表れます。

「早口になる」「まばたきが多くなる」「興味のない口調になり、話題を転じて終わらせたがる」「目が泳ぐ」「手や顔が汗ばむ」「言い間違いが出る」「吃音《きつおん》が出る」「文法的に変な言葉になる」「尋ねてもいないことを話し出す」「落ち着きがなくなる」「じっと見つめてくる（女性特有）」「ウソじゃないとやたら強弁する」…。相手のウソを見破るときの手がかりとしても使えますが、自分がウソをつくときには、このような行動をとらないことが重要です。

COLUMN ②

〝好みの体型〟からわかる男性の性格

米国の心理学者は、女性の体のどの部位に最も関心が高いかで、男性の性格や心理がわかるという研究をまとめています。好みの体型から男性の性格を読み取る方法を紹介します。

好みの体型	性格
バストの大きい女性が好み	社交的で男らしいスポーツマンタイプ。女好き
バストの小さい女性が好み	おとなしく控え目で従順。性的にはMタイプ
ヒップの大きい女性が好み	真面目でルールに忠実。受け身な性格
ヒップの小さい女性が好み	辛抱強くコツコツ型。スポーツや娯楽に関心が薄い
脚の細い女性が好み	社交的で目立ちたがり。世話好きなタイプ
脚のむっちりした女性が好み	控え目。自己犠牲的。気が弱く思われるタイプ
小柄で細身の女性が好み	慎み深く内気。あまり自分に自信がないタイプ
大柄でふっくらした女性が好み	野心家で図太い性格。チャレンジ精神が旺盛

第3章

立ち居振る舞いで相手を自在にあやつる

相手と親しくなるための「初頭効果」の使い方

◆出会いがしらの印象が重要なワケ

人は出会った瞬間、相手の印象を心に刻みます（ワンクラップの法則）。

まばたきをするかしないかのわずか0・5秒程度の間に、私たちは相手を好きか嫌いか判断しているのです。

このような好悪の別は、わずか一瞬にして決定づけられるだけでなく、その後の人間関係にまで影響を及ぼします。

出会いのときに抱いた第一印象が、その後の関係に影響することを「初頭《しょとう》効果」と呼びますが、最初の出会いで相手に嫌われると、のちのちまで尾を引きます。

そうなると、非常に不利な立場に置かれることは、容易に想像がつくでしょう。出会いのときの印象はとても重要なのです。

アルバート・メラビアンという米国の心理学者は、出会いの場で、相手に受け入れられるには、次の４つの壁を乗り越えていくことが必要だと指摘しました。

＊第１の壁【外見】…………不潔でだらしない身なりの人には、嫌悪感を覚える。

＊第２の壁【態度】…………折り目正しく謙虚な姿勢は、好印象につながる。

＊第３の壁【話し方】………明るい口調での正しい言葉遣い、明瞭さが大事。

＊第４の壁【話の内容】……興味深く、関心の高い内容が人を引きつける。

第１の壁を突破できなければ、第２の壁にすすむことはできません。つまり、どれだけよい話をしても見た目や態度で相手に不快感を与え、壁を乗り越えられなければ、話を聞いてもらえない可能性が高いのです。これは、話の内容よりも見た目が重要だと説いた「メラビアンの法則」につながります。

◆印象の操作に重要な3つのポイントとは

初頭効果で悪い印象を与えてしまうと、それを覆《くつがえ》すのは難しいのですが、反対に初頭効果をうまく使えば、よい印象を長い間、与え続けることができます。初頭効果で「好印象」を獲得するには、「視覚・聴覚・言語」の3つの情報を操作することが大切です。順に見ておきましょう。

〈視覚情報〉

最も大切なのは清潔感と笑顔です。きちんと髪を整え、さわやかに見える服装を選び上下をコーディネートしましょう。また、靴も大変重要です。あまり、目に入らないと思い、いい加減な靴などを履いていると文字通り足元を見られます。

靴は、性格が一番出るところです。キレイに磨いた、カカトの擦り切れていない靴を選び、細部まで心配りできる人という好印象をつくっていきましょう。

人は0.5秒程度の間に、好き嫌いを判断し、それはのちの人間関係に影響する

〈聴覚情報〉

滑舌は、「です」「ます」の語尾をはっきり発音するとメリハリが利きます。

心理学者のJ・ロビンソンは、声は通常の会話時の大きさよりもやや大きく、少し低音で話すと説得力が増すことを実験で突きとめています。もちろん上品に発声し、落ち着いて話すことです。

〈言語情報〉

話の内容が信憑性をもつには、数字を用いた比較、実際の経験やエピソード、比喩で例示するなどが効果的です。よく準備しておきましょう。

服装の心理効果を使って、イメージを劇的に変える

◆人物の全体像まで変えてしまう服装の威力

繰り返しになりますが、「第一印象」は、非常に重要です。一度植えつけられたイメージを、後から変えるのは容易なことではないからです。

私たちはすでに日常的に、服装や持ち物について、「フォーマル」や「カジュアル」といった分類をするなど、ＴＰＯにふさわしいイメージづくりを行っています。

身に着けるものによって、自分のイメージが左右されることを経験的に知っているからです。

たとえば、制服などはどうでしょう。

警官や消防士、医師や看護師、僧侶…などの職業的衣装を身にまとった人たちを見ると、それだけで社会的役割を認識しますし、こうした人たちからの職務上の指示や命令には素直に従ってしまいます。

また、企業が不祥事を起こしたときの謝罪会見では、役員全員が地味なネクタイにダークスーツで頭を下げます。白系のスーツにノーネクタイでは、納得が得られにくいからです。「パッと見」の印象だけで、人物の全体像が判断されてしまうのですから、ある意味これはとても恐ろしいことでもあるわけです。

被服装飾による心理効果としては、「自己拡大・性的魅力・地位表示」の3つが知られています。

「自己拡大」とは、自分の外的イメージを服装によってステップアップすることで、自分の心（内面）の充実度を高めることです。たとえば、豪華なパーティーに貧相な格好で行けば惨めさが募りますが、高級ブランドに身を包んで行けば、自信に満ちた状態でパーティーを楽しめ、幸せな気分になれます。これは、服装が自分の心に影響を及ぼすパターンです。

対して「性的魅力」と、「地位表示」は、自分の服装が他者の心理に与える影響です。肌の露出や、筋肉を感じさせる服装をして、他者に自分の「性的魅力」をアピールしたり、肩書や属性に見合った服装をすることで、自分の「地位表示」をし、相手に対して自分の立場や権威を伝える――服装には、こんな心理効果があるのです。

◆「だらしない」「不潔」のイメージは1つのアイテムから生まれる

自分のイメージ戦略を考えるときに、気をつけたいポイントは、できるだけ「中途半端を排《はい》す」、すなわち「全身くまなく完璧」を心がけることです。

せっかくカッコよく高級ブランドスーツで決めていても、薄汚れた、底のすり減った革靴を履いていたのでは、ちぐはぐな印象を与え、相手から不信感をもたれます。百均で買った透明ビニール傘をぶら下げて歩くのでも同じでしょう。

たった1点の手抜きアイテムが、相手に「だらしない」「不潔だ」などの悪印象

服を着ることで得られる３つの心理効果
性的魅力をアピール
（他人への作用）
立場や権威を伝えられる
（他人への作用）
充実度を高める
（自分への作用）

を与え、すべてを台無しにするということは多々あるのです。

全身完璧に印象操作する「トータルコーディネート」が肝心ということなのです。

とはいうものの、全身完璧を目指すとなると、お金がかかりすぎて難しい場合もあるでしょう。

「フォーマル系」の服装は、特にそうなります。

全身完璧を心がけるなら、フォーマル系以外のファッションで、相手に好印象を与えられるものを狙い、その路線で完璧な服装を目指すのがおすすめです。

異性から好印象を得られる「洋服選び」の絶対ルール

◆顔よりも「服装重視」の女、服装よりも「体型重視」の男

外見による心理的効果については、さまざまな実験が行われていますが、ブサメンや不美人でも、化粧を施し、髪形を整え、きちんとした服装の人は、圧倒的に好感度が上がることが知られています。最も簡単にできる自分のイメージアップ戦略が、化粧や服装といった点にあるのは、誰でも合点がいくことでしょう。

ちなみに、**初対面時に、男女は異性のどこに一番目がいくか——という心理学の実験によれば、男性が女性を見るときは「体型」、女性が男性を見るときは「服装」になっています。**出会いがしらの瞬間に、男女がそれぞれの異性を見るポイントは

男は女の体型に注目し、女は男の服装に注目する

異なるのです。それぞれ次のような順番で、相手のことを見ています。

※男性が女性を見るとき
①体型、②顔、③服装、④持ち物

※女性が男性を見るとき
①服装、②持ち物、③体型、④顔

驚くべきことに、この実験データによれば、女性は男性の「顔」については、さほどこだわっていないのです。男性はブサメンでも、「服装」「持ち物」次第で、女性にアピールできることがわかります。

実は、この実験結果は、人類のＤＮＡとも関わりがあります。

男性が、最初に女性の「体型」を見るのは、自分の子孫を産み育てられる優秀な個体であるかどうかを見るためです。

そして、女性が、最初に男性の「服装」を見るのは、自分を守り、子育てする快適環境を提供してくれる「能力（知性・体力・経済力）」があるかどうかを見ているわけです。

◆嫌われないために、最低限気をつけたいこと

初めて会う異性から好印象を得たいと思ったとき、男性の場合は服装を整えることが重要です。

女性の場合は体型を見られているので、そこまで重要ではありませんが、異性からよい印象を得たければ、服装を整えることは必須でしょう。

では、男女が初対面時に気をつけるべき服装のポイントは何でしょうか。

男性は、第一に「清潔」な服装です。女性が男性の「不潔」を一番嫌うからです。

女性は、第一に「上品」な服装です。男性が女性の「下品」を一番嫌うからです。

男性の中には、ワイルドな自分を演出したいと考えたり、ムキムキの筋肉を見せつけたいと考え、〝自分の理想に合った服装〟をしたがる人もいますが、「汗臭さ」「薄汚れ」「擦り切れ」といった不潔につながるものは、異性に最悪の印象を与えるだけです。

一方で、女性の中には、露出が多くセクシーな服装が好きな人もいますが、いきすぎると下品に通じることもあるので、気をつけたほうがよいでしょう。

なお、男性が好む女性の体型で、相手の性格を大まかに見抜くことができるという知見もあります。

「大きい・むっちり・ふっくら体型」を好む男性は、マザコン願望が強いといわれ、「小さい・すっきり・細身体型」を好む男性は、ロリコン志向といわれているのです。

気になる人に好きなアイドルや女優は誰か聞き、その体型を見ることで、相手の隠れた性格をこっそり判断することもできるでしょう。

狙い通りの印象を与えられる色の使い方

◆色は印象だけでなく「感覚」まで変える

色が与える心理作用は多様なため、その効果を知り、効果的に色を使うと、人の心を動かすときの大きな助けになります。

たとえば、私たちが利用しているファストフードの店内をよく見ると、室内の天井や壁に暖色系の色が使われていることがわかります。赤系をはじめとする暖色系の茶色やクリーム系の色は、落ち着きを感じさせてくれ、食欲も誘います。

そして重要なのが、暖色系は長く滞在したと実感させる効果が高いことです。

ファストフード店は回転率が勝負です。お客が短い時間で満足感を感じ、早く席を替わってくれると店には好都合です。いっぽう、青や白といった寒色や無彩色系は、クールで清潔なイメージを与えてくれます。ともに鎮静作用があり、病院の待合室などにはもってこいの色となります。

色が人の印象だけでなく、人の感覚までも左右することを現す面白い実験があります。対象者に白色・薄い緑色・黒色の紙でそれぞれ梱包された荷物を、両手で抱えて運んでもらい、どれが一番重く感じられたかを比べたのです。

その結果、**黒が最も重く感じられ、一番軽く感じられる白の1・8倍もの体感重量がありました。2倍近くも体感重量が違うのです。**梱包用の段ボールに白を使い、盗難防止で金庫に黒を使うのは、この効果を狙っています。ちなみに、中間色の薄い緑には、実際の重量よりも軽く感じさせる効果がありました。

また、競技ユニホームを黒にすると重厚感が増し、相手選手に圧迫感を感じさせられます。さらにスポーツシューズに白が多いのは、軽快感を出したいからです。

このように色には人の感覚さえも操作する効果があるのです。

◆個性を際立たせる色遣い、勝負に勝つ色遣い

こうした色の効果を服装に取り入れれば、自分の性格や個性を際立たせたり、演出することができます。色によって次のようなイメージが醸し出されます。

＊赤……興奮・情熱・怒り・歓喜・炎・太陽・積極性・躍動性
＊青……鎮静・清潔・冷静・厳しさ・爽快感・開放感・海・空・安定性
＊黄……注意・明朗・闊達《かったつ》・愉快・幼児性
＊緑……森・自然・安心・休息・息吹・新芽
＊黒……重厚・剛毅《ごうき》・不屈・厳格・格調・風格
＊白……清潔・純潔・開放感・純真・雲・雪

「何色が好きですか？」といった質問の答えひとつで、その人が目指したいイメージや性格が浮かび上がってくるのも、こうした色のイメージによるわけです。

男性の「勝負スタイル」では、「情熱」「行動力」をイメージさせる赤系と「知性」

「目的別」印象操作に役立つ色の使い方

活発・活動的に見せたい 異性を引きつけたい	→ 赤
落ち着いた印象に見せたい 相手から信頼感を得たい	→ 青
清潔感を強調したい クリーンなイメージを与えたい	→ 白
デキる人に見られたい 厳格さを演出したい	→ 黒

「若さ」「冷静さ」をイメージさせる青系を取り入れるとよいでしょう。

女性は可愛さを強調するのにはピンク系、清純さなら白系、大人のイメージアピールなら黒系や青系を身に着けましょう。大事な会議、重要な商談、楽しいデート、ホームパーティーといったＴＰＯに応じた服選びが重要です。

なお、パーソナルカラーという自分を最も魅力的に輝かせる色もあります。これは、自分の好きな色ではなく、髪色や肌の色などとの相性がよい色をさします。

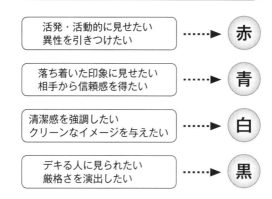

悪印象を一掃するには、強い意外性を強調する

◆強い意外性は、凝り固まったイメージまで消し去る

他者によい印象を与えるには、第一印象が大事だとお伝えしましたが、第一印象で悪いイメージを相手に植えつけてしまったら、それをどうやって覆せばよいのでしょう。ここでよくある「第一印象〝最悪例〟」をあげてみましょう。

①商談の相手から自分の趣味をほめられ、ひとくさり、うんちくを語るうちに相手の時間がなくなり契約がパーに。その後、連絡しても色よい返事がない状態に。

②初デートで、タイ料理が好物という女性を専門店に案内した。こちらは初めての

辛さに悶絶、トイレを7回往復する羽目に。その後はメールしても返事がない。
③転職した会社での自己紹介で「趣味は女性研究です」と冗談のつもりで言ったところ、女性社員があからさまに他人行儀となり、口もきいてくれない状態に。

たとえ悪気がなくても、相手の不興《ふきょう》を買い、誤解されるとこうなるわけです。

こんなときには、「ギャップ効果」を使うしか改善策はありません。

相手がもったこちらの悪印象を、よいイメージに変えてもらう他ないからです。

ギャップとは、好悪のイメージの「落差」です。よいイメージの「強い意外性」によって、最初の悪いイメージを上書きし、消してしまうことをギャップ効果といいます。

つまり、**①の場合は「他人への配慮に欠ける人間」という悪印象を、②では「初デートで醜態を晒《さら》す軽薄人間」という悪印象を、③は「女性への好色志向の変態男」という悪印象を、それぞれ覆す「よいイメージ」が必要になります。**

◆「ギャップ効果」は小出しでも効く！

映画やドラマの中なら一気にイメージ逆転も可能でしょうが、現実には、このような悪い印象を一気に変えられる場面は、なかなか訪れません。

それならば、少しずつでもよいので「好印象」のイメージを相手に植えつけていくよりないでしょう。**幸いなことに、ギャップ効果は小出しで、時間をかけて行っても、きっちり定石通りできていれば、その効果は保証されています。**

「配慮に欠ける人間」「初デートで醜態を晒す軽薄人間」と思われたのであれば、相手の誕生日や記念日に手紙やメール、気の利いたプレゼントを贈ったり、こまめに通って手土産を渡したりするなど、「善行」を施し続ければ、相手はこちらに対する初対面の印象を覆すはずです。

会社で「女性への好色志向の変態男」と思われていた場合も同じです。早朝一番乗りで出社する、すすんで社内のゴミを拾う、皆が嫌がる面倒な仕事を引き受ける

「ギャップ効果」の原理
強い意外性で、
悪いイメージを覆す
やさしい
いい人だ
よしよし
おうちくるかい？

――など善行を施すことで、周囲の反応も変わっていきます。

イヤな相手が突然善行を行うと、相手に対してもっていた「悪い印象」と目の前で行われる「善行」とのギャップが、自分のもつ相手のイメージに不協和を生じさせます。心の中に不協和があると人は不快を感じるので、「本当はいい人だったんだ」と思うようになるのです。自分の中で、イヤなやつがいい人に変われば善行との認知が協和して心も安定します。

ギャップ効果は、こうしたメカニズムで、人の心を動かすのです。

「頼りがい」をアピールできる歩き方とは

◆背中が丸まっているだけで、人徳がなくなる!?

人の印象は、対面時の自分のアピールだけで決まるものではありません。自分では気がつかない意外なところを見られて、他者から勝手にイメージを築かれることは多々あります。いつ、どんな場面でもマイナスイメージをもたれないように気をつけたいものです。

疲れたり落ちこんだりしたとき、人は無意識に頭《こうべ》を垂れ、背中を丸めるようにして肩を落とします。この姿勢は傍目《はため》にも、元気がなさそうだな——という感じが伝わってくるでしょう。

自信のないときも同様で、無意識に伏し目がちとなり、背中が丸まります。心の状態が如実に姿勢に表されているといえます。

こうした姿勢をしているうちに、いつのまにかこの姿勢がふつうになり、すっかり習性になったような人までいます。

窓ガラスに映る自分の姿を見て、背中が丸まっていたら要注意です。**丸まった背中は、ネガティブな印象を他人に強く与えます。**これでは、人から「頼り」にされません。人は、ネガティブなものに、自分が感染するのを恐れるため、見るからに覇気のない人には近づかなくなり、人徳もなくなるからです。

◆セルフイメージを変えることが大事

米国の心理学者ニーレンバーグは、背筋を伸ばし、大きく腕を振って大股で早く歩くようにしていると、「目標達成志向の強い人」と周囲から認識される効果を説いています。

この種の研究は数多あり、「朝早く出社する人は仕事ができると周囲から思われ、出世も早くなる」「感謝の言葉を多く使う人は、人格者と思われ、チャンスや情報に恵まれやすくお金持ちになる」など、いろいろな効用が説かれています。

自分の思考習慣がネガティブに傾きやすい人は、行動や習慣までがネガティブになります。それを変えるところからはじめないと、歩き方ひとつも変わりません。

経理部で伝票計算の仕事をしている人の中には、自分の仕事を「毎日、数字を電卓で計算するだけのつまらないもの」と思っている人もいるかもしれませんが、「今はスキルアップの過程で、必要な技能を仕事を通して習得中」と、考えるようにすれば、将来への展望も開け、目先の仕事の意味するものも違ってきます。

このように自分自身や、自分の行動の意味するものへの思考の枠組みを変え、ネガティブ思考をポジティブ思考に変えると、実際に習慣までよいものに変わっていくことは多々あります。

人や物事に対するとらえ方を改め、思考の枠組みを変えることを、「リフレーミ

背中が丸まっているとネガティブな印象を、ピンと伸びているとポジティブな印象を与える

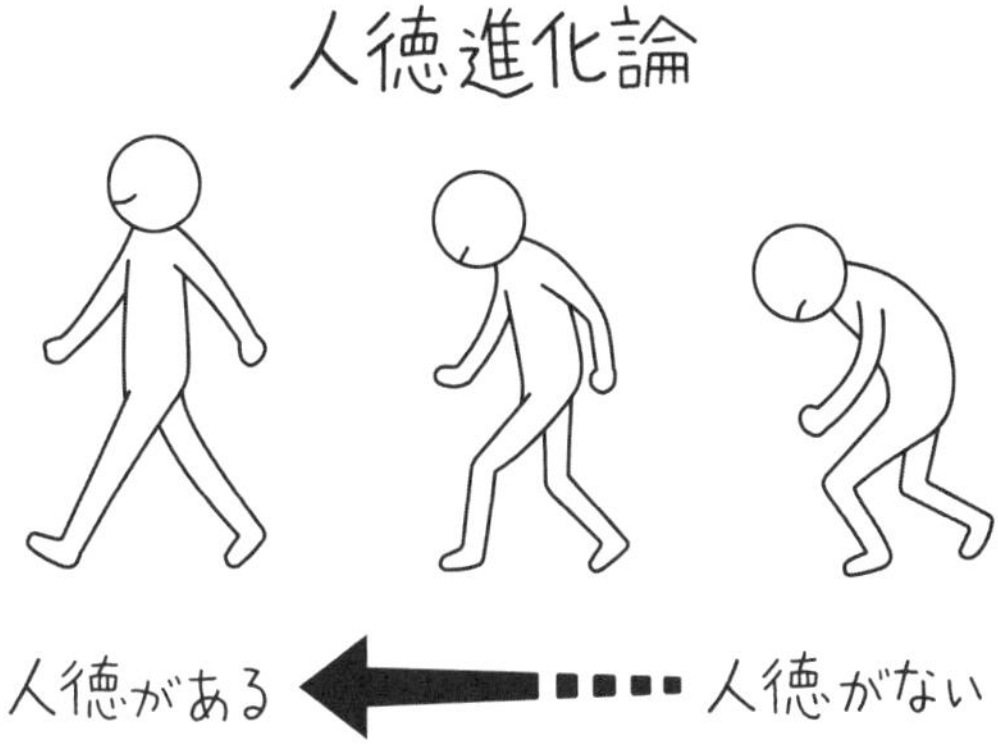

ング」と呼びます。

　自分で思う自分のイメージを「セルフイメージ」と呼びますが、「何をやっても、うまくいかない」という人は、手はじめに、リフレーミングでこれを変えるとよいでしょう。また、嫌いな人や面倒な仕事に対しても、リフレーミングするだけで、イヤな気持ちが和らいだり、恐ろしくやる気がわいてくることがあります。

　心理学を使って他人の気持ちを動かすことも重要ですが、リフレーミングで自分を「あやつる」こともときには必要なのです。

無意識レベルで、相手の仲間意識を高める心理ワザ

◆相手の潜在意識に「自分は仲間だ」と刷りこむ技法

会話をするとき、相手の意向に反対することを言ったり、会話のペースが合わなかったりすると、テンポよく話が続かなくなります。

たとえば、「ニュース番組が好きで…」などと言われたときに、「私は、テレビはお笑いしか見ないんです」などと返すと、たちまち違和感が生じて、お互い「へー、そうですか」で、話は途切れます。また、ゆっくり話す人に対して、こちらが早口でまくしたてても、さっぱり盛り上がりません。

人は、自分と共通するものがなかったり、ペースが合わないと、なかなか相手に

対して共感できないものなのです。

喫茶店で向かい合って座っているカップルを観察していると、仲のよいカップルほど、同じような動作をしています。片方がコーヒーを飲むと、もう片方も飲み、片方が手で自分の髪を触ると、もう片方も手を動かし頭をかいたりするのです。

これを意識してやってみると、驚くほど簡単に相手との距離を縮めることができます。

対面する相手がコップの水を飲んだら、こちらもさりげなくコップの水を飲みます。相手が「うーん」と言いながら頭の後ろをかいたら、こちらも同じように頭の後ろに手をやります。相手が手帳を開いたら、こちらも手帳を開くのです。

これは、「ミラーリング」というテクニックです。

相手の動作を鏡のようにほぼ同じタイミングで行うと、相手の潜在意識がこちらを同類・仲間と感じるようになる作用です。相手の無意識に刷りこむので、さりげなく行うことが大事です。

これをやるだけで、一気に距離が縮まり、思いのほか会話が弾みはじめるのを、実感できるでしょう。

◆言葉で「仲間を」演出する

もちろん、言葉のやりとりの場合でも、同じような効果が期待できます。

「テレビは、ニュースしか見ないんですよ」という相手には、「ほう、私も同じですよ」と返すようにするのです。すると「見る時間ないしね」などの話題につながり、テレビの話だけでなく、日々の時間のことにまで話が及び、盛り上がります。

これは**「共通項・類似性の原理」という心理作用に通じた会話例です。**

誰でも、特に意識していなかった人と趣味が共通していたり、出身地が同じだったりすれば、相手に対して急速に親しみを覚えるようになるでしょう。似ているものや、同じものなら何でもよいのです。何かひとつでも似ていれば、似た者同士の感覚が生じて一気に仲良くなれます。

「同じ」ところが多いぶん、心理的距離は縮まる

また、出身地がまったく離れていても、相手の出身地にありったけの愛着をこめてほめたたえれば、同じ出身地同士のような気分になり、簡単に親しくなることができます。

近年はＳＮＳなどのツールが発達していますから、相手の出身地、母校、趣味、嗜好…などは、ＳＮＳで事前に調べることができます。事前に相手の情報をリサーチし、相手と自分との共通項・類似性を多く見つけておけば、より効果的に相手と距離を縮めることができるでしょう。

あえて笑顔を見せないことで、デキるやつと印象づける

◆ナメられるのも、尊敬されるのも、見た目次第

相手のどこから印象を受けるかを説いた「メラビアンの法則」によると、人の印象をかたちづくるのは「見た目」が5割強、声などの「耳に入る音」が4割弱で、話の内容そのものが相手に与える印象は、たったの1割弱しかありません。初対面時の第一印象には、まさしく「見た目」の印象が大きく作用しているわけです。

これまでは、表情や動作を変えることで、いかに相手に「好印象」を与えるか――その方法に的を絞っての心理例を紹介してきましたが、ここではもうワンランク上の印象操作について解説します。

取引先との交渉中に、ライバル社に契約を奪われたとか、自分が考えた企画を同僚に話したら、会議の席で同僚にその企画を披露され、アイデアを盗まれたといった経験はないでしょうか。こんな経験をしたことがある人は、他人に好印象を与えられるものの、「ナメられる」ことも多い人でしょう。

生きる上では、他人に好印象を植えつけ、他人から引き立てられることも必要ですが、他人に足元を見られ「ナメられる」ことも避けなければなりません。

見た目の印象を変え、「デキるやつ」と思われるようになれば、他人にナメられて悔しい思いをしたり、損をすることも少なくなるはずです。

◆黒のスーツで決めて、威厳を演出する

すでに誰かにナメられていて、からかわれたり、皮肉を言われている場合は、黙っていたり、笑ってごまかしたりしていてはいけません。それを続けていると、相手の攻撃はますますエスカレートしていくからです。

こちらが反撃しないと思えば安心するため、相手はさらに増長するのです。**からかわれたときには、「それ、どういう意味ですか？」「何を言ってるんですか？」などと憤《いきどお》りを示し、切り返すことが重要です。**うまく切り返すことができれば、攻撃はエスカレートせず、雲散《うんさん》霧《む》消《しょう》していきます。

そもそも、からかい発言や皮肉は、こちらを試す観測気球なのです。

どんな反応を示すか試しているわけです。だから切り返しが必要になります。

また、相手がこちらを試すようなからかい発言をするのは、もともとこちらが「ナメてかかってもいいやつ」に見えたからに他なりません。そのため、前段階として、他人に簡単にナメられないような「見た目」を作ることも重要です。

まず、服装ですが、ナメられたくないときは、黒系のスーツで決めて、威厳や尊厳を示しましょう。黒には不屈のイメージや、厳格さを演出する効果があります。

そして笑顔ばかりを強調するのを止め、ほんの少々アゴを上げて落ち着いた様子で話すのです。うつむきがちな姿勢は、自信のなさを示します。

デキる人と印象づける5つのポイント

- 黒系の服で決める
- 笑顔を強調しない
- アゴを少し上げ、落ち着いて話す
- 時折、ボールペンでテーブルを2回軽く叩く
- 「おわかりですか？」など相手の理解力を試す発言をする

そして話し合いの最中には、時々ボールペンなどで、テーブルをトントンと軽く叩く動作も行いましょう。不規則にテーブルをトントンと2回ほど叩いて出す音は、相手の思考を乱す効果があり、さらにその音には相手を「威嚇」する効果もあります。ただ、やりすぎると相手を不愉快にさせるだけなので注意しましょう。

さらに、時々上から目線で「おわかりですか？」などと相手の「理解力」を試すような発言を、ゆっくり低音で繰り出せば、相手に「デキる人」の印象を与えられ、ナメられることもなくなるはずです。

相手から無条件で信頼してもらえる「外見」の作り方

◆「信頼感」には好意も悪意も重要ではない

前項では、印象を操作して「デキるやつ」と思わせるにはどうしたらよいのか、その方法について触れましたが、ここではさらにワンランク上の印象操作である、「信頼感を育む見た目の作り方」を紹介します。

まず、注意しておきたいことがあります。

それは、相手に信頼されることは、好意をもってもらうことと、必ずしもイコールの関係ではないということです。

信頼関係を築くことは、実は、好意や悪意とは別次元の作用だからです。

ただひたすら、相手から何かの点で信用してもらえればよいのです。

「この人は私を裏切らない」という確信を、無意識のうちに相手にもたせられれば、まだ打ち解けていない初対面の相手からでも信頼を勝ち取ることができます。

たとえば、銀行の窓口に１００万円の現金を持参し、自分の預金通帳に入れてくださいとお願いするのは、窓口嬢を信頼しているからできることです。

また、「○○医院」という看板を見て、その医院を初めて訪れた場合、白衣を着て診断にあたる人を医者だと信じているからこそ、腕まくりをして注射にも応じます。誰も相手をニセ医者と思う人はいないわけです。

つまり、**相手から信頼を得たければ、銀行の窓口嬢や白衣を着た医者などのように、何かしらの「権威」や「属性」を身にまとうとよいのです。**窓口嬢の場合は銀行が権威です。

ウソでもよいので何らかの「専門性」「知識」「属性」「家系」といったものを相手にわかるように据《す》え、それを一瞬にして相手に伝えるようにすれば、出会った瞬間から自分の立場を強固にし、相手から信頼を得ることができるのです。

◆大した会話をしなくても、相手から信頼される方法

相手から信頼を得るために必要なことは、ひたすら相手の話をよく聞くようにすることです。

話し上手は聞き上手——という言葉があるように、話をするのがうまい人が、話し上手なわけではありません。

相手の話を聞くのがうまい人が、「あの人の話は面白いよ」「あの人と話すと、とても楽しかった」と言われる人なのです。

人は、自分の話を聞いてくれる人のことを好きになる傾向があります。

身を乗り出して相手の話を聞いている振りをする、よいタイミングで相づちを打ち、相手の話を盛り上げる…など、相手が気持ちよく話せるように振る舞うことで、話し手は聞き手に対して「快」を感じます。

出会った瞬間から信頼感を得るには、ふさわしい「権威」や「属性」をまとうこと

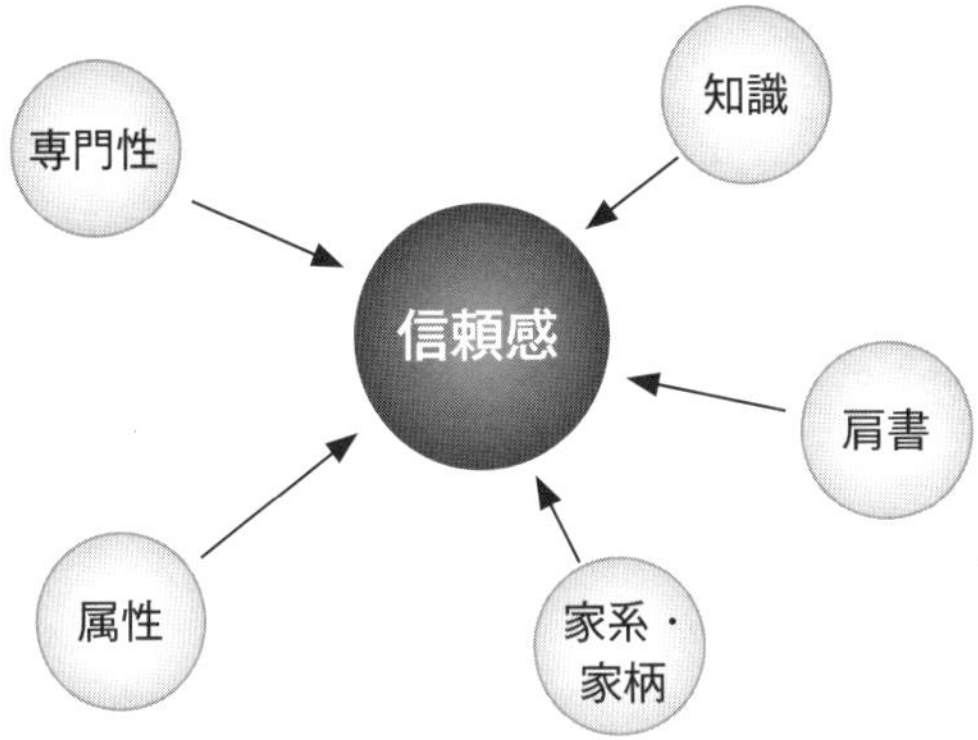

そして聞き手に対して、全幅の信頼を置くようになり、やがて「実はね…」などと秘密まで教えてくれるようになるのです。

もし、信頼を得たい相手が無口だったり、話下手な場合は、こちらから相手が楽しく話せそうな話題を振るとよいでしょう。

人は自分の好きなこと、興味のあること、関心のあることを話すときには、饒舌《じょうぜつ》になります。

相手のフィールドで会話をするように意識するだけで、信頼感を得ることができるのです。

COLUMN ③

〝感じのいい人〟を演出できる言い換え術

同じことを表現するのでも、ポジティブな言い方のほうが好感度は上がります。ネガティブ言葉をポジティブ言葉に意識的に変換することが大切です。

ネガティブ言葉	ポジティブ言葉
「安物」「チープな」	→「リーズナブルな」「手頃な」
「ケチ」	→「倹約家」「エコな」
「バカげた」	→「異なる世界観の」
「冷酷」「非情」	→「シャープな」「厳格な」
「無神経」	→「こだわりのない」
「気弱」	→「温厚」
「頑固」	→「筋を通した」

第4章

たった「ひと言」で主導権を握る

相手の心をわしづかみにする「貸して?」の使い方

◆スムーズに相手と距離を縮めるコツ

人との距離を縮めるのに有効な方法は、「頻繁に会うこと」です。

米国の心理学者ロバート・ザイアンスは、これを「単純接触の原理」として解き明かしました。

人と人には次のような4つの距離関係があり、頻繁に会うことによって、徐々にその関係を変化させていくことができると説いたのです。

＊「公衆ゾーン」……見知らぬ赤の他人との関係です。

＊「社会ゾーン」……上司や同僚、先生といった人との関係です。

＊「友人ゾーン」……友人の位置づけの人との関係です。
＊「親密ゾーン」……家族や恋人・親友といった関係です。

職場にいる異性に片思いをした場合、当然のことですが、社会ゾーンを脱却し、親密ゾーンに入りたいわけです。

しかし、いきなり「愛してる」などと告げたら相手は当惑し、拒絶されることは想像にかたくないでしょう。

ゾーンとゾーンの間には壁があり、社会ゾーンからいきなり親密ゾーンに飛び級的に入ることは、できないからです。

順を追って社会ゾーンから友人ゾーンに入り、最終的に親密ゾーンに入る必要があるわけですが、そこで有効なのが「頻繁に会う」ことなのです。

これなら、社会ゾーンにいる相手に拒否反応を起こさせずに、自然に実践できます。

頻繁に会うといっても、毎回長い会話をする必要はありません。

廊下ですれ違って挨拶するなど、ほんのわずかな時間、接触するだけでもよいのです。

短い時間でも回数を積み重ねることで、相手にとって自分は見慣れた存在になり、危険ではないことが認識されます。そして、徐々に親しみがわくようになり、社会ゾーンから友人ゾーンへ、そして親密ゾーンへと自然に入っていけるのです。

◆「自分を嫌っている人」と仲良くなるために

相手と少し距離が縮まったと感じたら、「シャープペンの芯を貸してくれませんか?」などの小さなお願い事をもちかけましょう。

このような小さなお願い事は「極小依頼」といって断られることが少ないので、接触の回数を増やすのにも使えますし、会話も広がります。

実はこの手法は、自分のことを嫌っている人と仲良くなるときにも使えます。

自分を嫌う人がいたら、その人に何か小さなお願い事をしてみてください。

極小依頼で「イヤなやつ→実はいいやつ」の心理変化を起こす

ふつうは、嫌いな人からの頼み事は断りますが、極小依頼は断りにくく、つい相手も引き受けてしまうからです。

腰の低い姿勢で依頼され、丁寧に感謝されれば、嫌いな相手からの頼み事を受けた人の心のうちの「何であんなやつの頼み事を聞いたんだろう」という葛藤も**「礼儀正しくていいやつだった。だから貸したんだな」と、無意識での思考の変化が期待できるからです。**

この作用で、相手の中の自分が「イヤなやつ→実はいいやつ」に変化させられるわけです。

相手にとって「特別な人」になるコツは「ここにこだわったよ」

◆「プライミング効果」で自分の存在感を高める

頼まれた仕事を仕上げて、相手に渡すとき、遠慮深い人は「一応まあ、仕上げましたよ」とか「こんな感じでよかったかな」などと、謙虚な言葉を添えます。

しかし、それでは「ありがたみ」が薄れてしまいます。

せっかくやってあげた仕事の価値を、自ら下げてしまっているからです。

こんなときは、次のように言いましょう。

あなた「これ、結構うまく仕上がったと思うよ。細部の処理にもこだわったから」

相　手「あっそう。いやあ、ありがとう。悪いなあ、どれどれ、と…」

「めっちゃいいのができたぜ！」などとハッタリをかますのはいただけませんが、**さらりと「よくできているポイント」に触れるだけで、受け手の印象は変わります。**

「プライミング効果」が、暗示作用を及ぼすからです。

「プライミング効果」とは、先行する事柄の記憶が、あとに続く事柄に影響を及ぼすことをいいます。

プライミング（priming）とは「点火薬・起爆剤・呼び水」の意味です。ひと言添えるだけで、のちのちの印象にまで影響が及ぶのです。

相手の先入観に、あらかじめポジティブなイメージを刷りこむわけです。

このようなひと言があると、相手は仕事の出来栄えを確認するまでもなく、肯定的に受け止めてくれるはずです。

また、「頼りになるな」と安心したりもします。

ふつうに仕上げた仕事でも、ひと言「ここにこだわったから」とつけ足しておくだけで、あなたに頼んでよかった――と、相手は思うのです。

◆「ほめの効果」を劇的に高める伝え方

「お世辞」を、周囲の人が見ているところで、特定の人に向けて使うと評判を落とします。「ゴマスリ野郎」「調子がいいやつ」と見くびられるからです。

人は、「ゴマスリは醜《みにく》い行為」として心の中で封印していますから、ゴマスリをしている人を目撃すると、その人に自分の心を投影し、軽蔑します。

周囲に人の目があるときには、お世辞やおべんちゃらを使わないのが正解です。

お世辞を言うなら、相手と一対一のときにこそ、麻酔弾のようにバンバンと撃ちこみましょう。人は「これはお世辞だ」とわかっていても、ほめられればだんだん嬉しくなるからです。

そして、**さらにほめの効果を高めたければ、「みんなが○○とほめてましたよ」とか「○○さんが○○とほめてました」などの〝伝聞〟として「ほめ」を使うとよいのです。**

ひと言添えて、提出するだけで
仕事の価値を高められる！

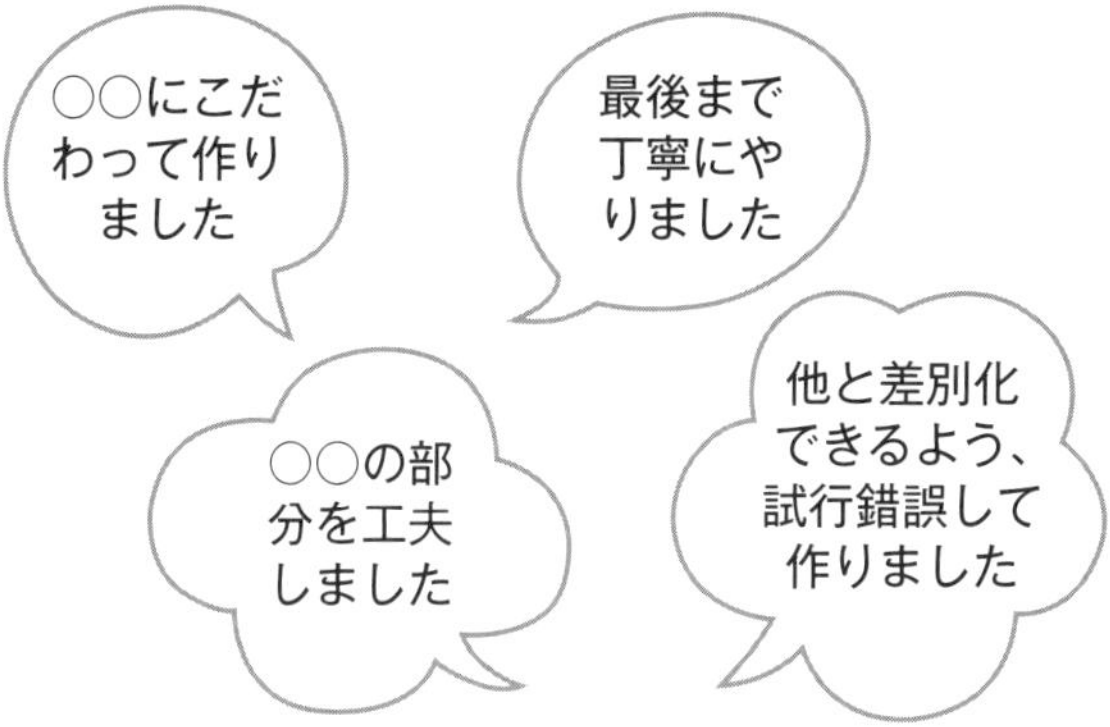

自分が直接ほめるのではなく、他人の口を借りてほめます。

人は直接ほめられるよりも、第三者から間接的にほめられたほうが、その言葉により信憑性をもちます。これを心理学では、「ウィンザー効果」といいます。

それがたとえウソであっても、ほめていたという人だけでなく、それを伝えてくれた人にも、どちらにも好印象をもつのです。

これなら、「ほめている人」の存在を伝えるだけですから、周囲に人目がある場所でも、さほどおべんちゃらを言っているようには聞こえないでしょう。

しぐさを変えるだけで、相手が味方になってくれるテクニック

◆「知る・知られている」が、相手との距離を縮める

すでにお伝えした通り、人は、頻繁に会えば会うほど相手に好意をもちます。

頻繁にすれ違う、顔を合わせる、挨拶をする――といった単純接触が安心感を育むからです。

やがて、両者の共通項（出身地や趣味が同じなど）を知ったり、お互いの強みと弱みを知ってそれを補完し合うようになったり、個人のプライバシーまで告白し合うようになると、かなりの親密関係に発展します。

これを**「熟知性の原理」と呼んでいます。**

人は、相手の人となりを知れば知るほど、相手のことが理解できるようになり、仲間なのだから助け合わないといけない――と感じるようになるのです。

通常は、接触の頻度を増して徐々にお互いを知り、親密さを高めていくわけですが、熟知性の原理を巧みに使えば、より早く親密になることができます。

熟知性の原理を生かすには、会話の中で「自分のこと」を、相手にさりげなく伝えることが必要です。家族構成、趣味など、自分のちょっとしたことを伝えることで、相手に自分のことを「知っている」感覚になってもらいます。

さらに、相手の好きなこと、得意なこと、長所などを事前によく調べておき、会話の中で「たしか○○さんは、高校時代に甲子園に行かれた経験がありますよね？」などとさらりと水を向けると、効果的になるわけです。

「いやあ、ご存じなんですか、私のこと？」と相手が相好《そうごう》を崩し、話題にひとしきり花が咲けば、すっかり「旧知の仲」のようにもなれるのです。

◆相手の気持ちを引きつける、ペーシングと援助行動

初対面の相手と喫茶店に入り、相手がクリームソーダを注文したとき、「えーと、私はアイスコーヒーで」などと言っていませんか。

相手と親しくなりたいなら、これはNGです。

相手が「クリームソーダをお願いします」と言ったなら、すかさず「私も、クリームソーダでお願いします」と言わなければいけません。違う注文をすれば、相手の潜在意識に「私とは嗜好が違う人」と瞬時に刷りこまれてしまうからです。

また、相手が「今日は暑いですねえ、ホントに…」と言いながら、おしぼりを使っているときに、「…ですねえ」などと受け流し、見守っていてもいけません。あなたもおしぼりを使わないといけないのです。

相手のペースに自分を合わせることを、ペーシング（同調）といいます。ペーシングは、自分と同じ種類の人間と、相手の潜在意識に刷りこむ大事な儀式です。

相手の無意識に「この人は私とタイプが違う」などと思わせたのでは、どんなに

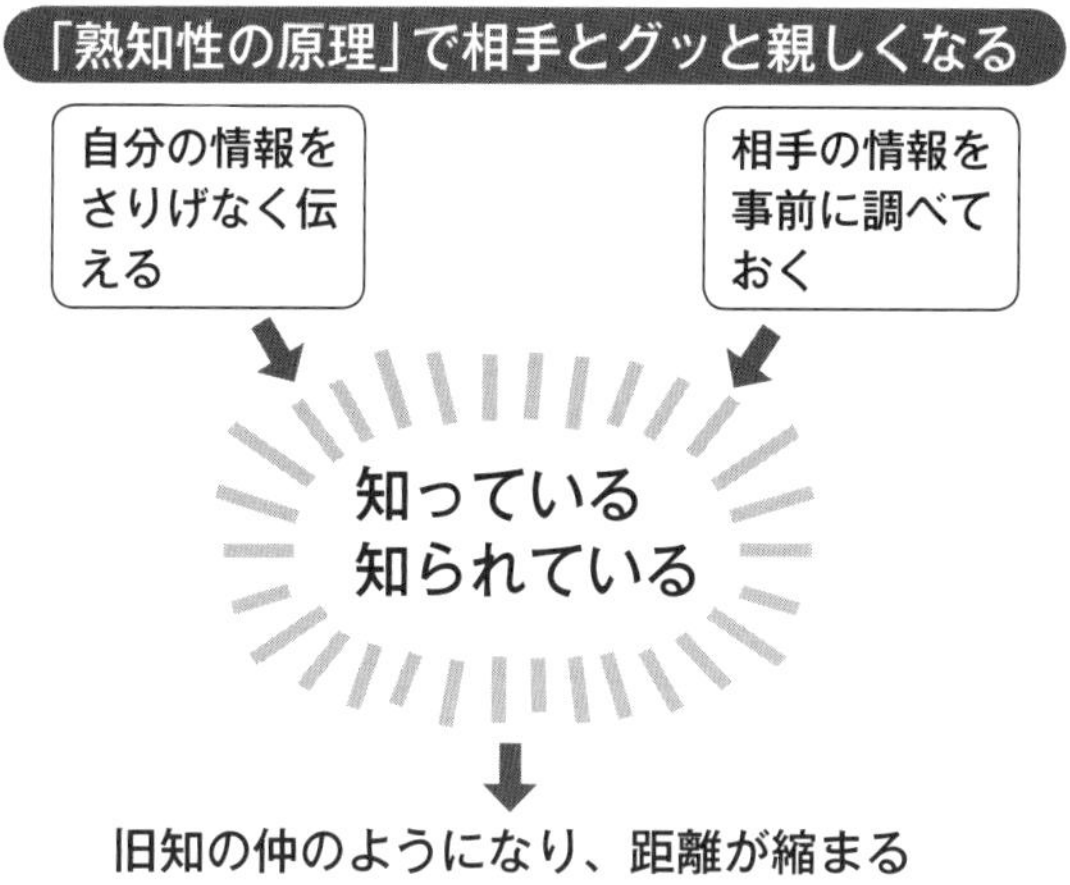
「熟知性の原理」で相手とグッと親しくなる
自分の情報をさりげなく伝える
相手の情報を事前に調べておく
知っている
知られている
旧知の仲のようになり、距離が縮まる

会話に気をつけても波長が合わなくなるからです。

　また、相手と最速で仲良くなるためには、自分の弱点も呼び水にすべきです。「3年前に死線をさまよう大病を患いましてね…」などと言うだけで、相手は気の毒に思います。同情心が起きると人は優しくなり、優遇してくれます。

　これを心理学では「援助行動」と呼んでいます。使いすぎはよくありませんが、弱点は相手の気持ちを一気に引きつける道具にもなるのです。

「なぜ？」「どうして？」のひと言が、相手の怒りを抑える理由

◆相手を冷静にさせる「なぜ？」「どうして？」の逆質問

職場でも、プライベートでも、すぐにヒートアップして感情的になる人がいます。人前で感情的になるのは、本能むき出しの状態であり、本来とても恥ずかしいものです。日常生活ではカッとなってしまうこともありますが、できるかぎり理性的に行動したいものです。

感情的になっている相手の心を鎮めるには、どうすればよいのでしょうか。

前項でも触れた心理学の「ペーシング（同調）」の反対である、「ディスペーシング（反同調）」を行えば、相手の怒りをうまく鎮めることができます。

こちらに向かって、攻撃的に怒りをぶつけてくる相手に、縮み上がって平伏するのは逆効果だからです。縮み上がるということは、相手の怒りに同調することになり、この態度を続けるかぎり、相手の興奮はなかなか止みません。

興奮している相手には、相手とペースを合わさないディスペーシングが有効です。早口で激昂する相手には、こちらが、冷静にゆっくり、落ち着いた態度で質問してあげれば、相手のペースを乱し、怒りの鎮静化に役立つからです。

「どうしてくれんだよッ！　お前のせいだぞ、ふざけやがって！」などと怒鳴られたら、縮み上がってしまいますが、そこをグッと我慢し、深呼吸しましょう。そして、「あの…どうしてそんなにお怒りなのでしょうか。落ち着いてください」と、冷静さを保った口調で「なぜ」「どうして」の問いかけを使って受け止めるのです。

人は「なぜ？」と尋ねられると当惑します。これが冷や水効果になります。

これにより、相手は無意識にこちらの冷静な態度にペーシングしはじめるのです。

◆「感謝の言葉」と「沈黙」は怒りにブレーキをかける

人は、「なぜ?」と質問されると、とっさに「答えなければ」と焦ります。

「なぜ、そんなにお怒りですか?」と言われたら、無意識に怒りの理由を考えますが、ひと口に説明できないので詰まります。「落ち着いてください」と言われると、自分の冷静でない態度を指摘され、恥ずかしさも募ります。

こちらの落ち着いた態度へと無意識にペーシングせざるを得なくなり、怒りの鎮静化が図れるわけです。逆上して責め立ててくる相手に、そんな質問を投げかけたら、よけいに興奮させてマズイのでは——とも思われるでしょうが、これを2、3回繰り返せば、必ず抑止効果がはたらきます。

「感謝の言葉」をぶつけて、怒りを抑止する方法もあります。

「お客様、いつもご利用ありがとうございます」「課長にはいつもご心配をいただき、感謝しています」などと応じるのです。**感謝の言葉は人の承認欲求を満たしますか**

怒っている人は「なぜ？」「どうして？」でひるませる

ら、「ありがとう」と言う相手には、怒り続けられなくなるのです。

さらに、言葉で反応せずに、沈黙で応じることでも、相手の怒りの鎮静化が図れます。「落ち着いてください」などとひと言告げたら、じっと相手を見据えて沈黙します。沈黙の効果は意外にも強力です。対面する相手が何を考えているのかがわからなくなるため、不安を覚えさせるからです。「おい、何とか言えよ」と言われても、「冷静に願います」など、必要最小限の言葉で応じ、静かに見つめ続けると、相手は我を取り戻し、だんだん冷静になっていきます。

「面倒な人」をコントロールする3つの手段

◆面倒な人ほど、あやつりやすい！

職場でもプライベートでも「面倒な人」は必ずいるものです。ここでは、よくいる面倒な人とどのようにつき合えばよいか、タイプ別にご紹介します。

〈面倒な人①〉

上司や先輩に何かを尋ねると、いきなり「お前、そんなことも知らないのか」などと、いちいち嘲《あざけ》りの言葉を浴びせる人がいます。

質問しなきゃよかった――と後悔する場面でしょう。

なぜ、こんなセリフを吐くのかといえば、思いきり自分を優位に置きたいだけなのです。「オレはえらい、お前はそんなことも知らん」という差別化意識をひけらかして溜飲《りゅういん》を下げているのです。

こんな人には、とりあえず合わせてあげるのが一番です。「はい、無知で申し訳ありません」と素直に従い、教えてもらったら「先輩ってホントに物知りですね。ありがとうございます。教えていただき、すごく嬉しいです」などと感動的に感謝するのです。

これで相手の自尊心は満たされ、バカにしてくる回数も徐々に減ります。

自分は偉いのに誰も尊敬してくれないという思いをもっている人なので、自尊心を満たしてあげれば、大人しくなるのです。

〈面倒な人②〉

ゴミ出し日でもないのに、ゴミを集積所に出す、夜間に大音量でロックミュージックをかける…。こういう不当な行為を行う人が近隣にいると、はなはだ迷惑です。

しかし、こういう人たちこそ、下手に注意をすると逆ギレしかねません。

不当なことを平気で行う人たちなのですから、こういう人には注意は効きません。注意は「上から目線」と感じられるので、反発を呼び、逆ギレで開き直らせかねません。こんなときには、**その人の意向について尋ねるかたちで、話しかけたほうがうまくいきます**。

「ゴミ出しの日に出すのは、難しいですかね？」「この音楽、どのぐらい続きます？」などと、相手に「意向を聞く」かたちをとるのです。

不当なことを行う人間に対して、あまりにも弱腰でしょうか。しかし、こうして不当行為そのものに焦点をあてずに、本人の意向を問いかけるかたちだと、相手の自尊心を守ることができるので、善処してくれる可能性が高くなるのです。

〈面倒な人③〉

怒りに火がつくと、猛烈に部下を罵倒する上司がいます。しかし、自分の部下の誰にでも、怒鳴りまくるということはありません。必ず部下の中から標的を絞って、パワハラを行っています。

「感謝の言葉」で、面倒な人もあやつれる

職場にこのような上司がいて怯《おび》えている人は、よく観察してみてください。

このような上司は、自分よりガタイが大きい人、逆ギレしそうな危ない部下を攻撃することはありません。これは上司が、実は小心者である証《あかし》です。

こういう人をおとなしくさせるには、職場にいる人たちが何人か束になって、署名を連ね、「出るとこ出るよ」といった申し入れをするのが一番です。**心理学では「全員一致効果」と呼ばれ、集団イメージによる威嚇効果となります。小心者の上司は恐怖を感じ、必ず白旗を上げるはずです。**

会話に「きみって本当は…」を入れると、相手とグッと親しくなれる

◆プロ占い師も使っている、お客の心をつかむ技術

私たちは、何かの拍子に「きみって、本当はすごく几帳面だよね」などと言われると嬉しくなるものです。

「きみは、本当はすごく真面目だよね」「本当のきみは、すごく心の優しい人だね」こんな言い方で、**自分の隠された内面をプラス評価で指摘されると、たいていの人は喜びます。**

「本当は」と念を押して話すだけで、自分の「真実」を見通す力のある人として、相手のことを一目も二目も置いてしまうのです。また、プラス評価ですから、自分

の中の承認欲求も満たされ、相手に好意も抱きます。

ただし、よく考えれば「きみって本当は…」「本当のきみは…」に続く言葉は、誰にでもあてはまる内容なのです。

相手を限定し、その人の心の中を見透かすようにしてプラス評価を告げると、たいてい誰でも「すごい、自分のことが何でわかるんだろう？」などと、自分の心の中を言いあてられたような気がします。

これが「バーナム効果」と呼ばれる心理現象です。

バーナム効果で使われるのは、あいまいで抽象的な言葉なので、何をもって几帳面で、真面目で、心が優しいか——などは、言われたほうが勝手な解釈で結びつけてしまうだけなのです。プロの占い師の中には「見た目」のイメージとはあえて反対のイメージを伝えることで、意表を突き、相手の心をより深くつかんでいる人さえいます。

明るくキャピキャピした若い娘には「あなたは、本当は淋しがり屋で孤独なんだよね」と言い、暗い顔で悩みが深そうなオジサンには「あなたは本来は、明るい人なんですよ」などと断言することで、相手の心をグッとつかむのです。

◆「バーナム効果」で、相手から一目置かれる存在になる

「バーナム効果」は、雑誌の星占いコーナーでもおなじみです。

1月生まれの人は、「今月は金運に恵まれますが、使いすぎには注意してください。月の後半には素敵な出会いが待っています」などと書かれた自分の占いを見て、「そうか、金運がいいのか、そういえば今月は臨時収入があったな」などと勝手に自分と結びつけますが、世界人口73億人を12等分すれば、1月生まれには、約6億人が該当することになります。実際は、ありえない話といえるでしょう。

多くの占いには「バーナム効果」がはたらいていますが、「占いなんかあたらないよ」などと言うよりも、「実は、占いにはちょっと詳しいんだ、診てあげようか」と言ったほうが、相手との距離を縮めるチャンスは広がります。

「バーナム効果」のある言葉を使って好意を抱かせる

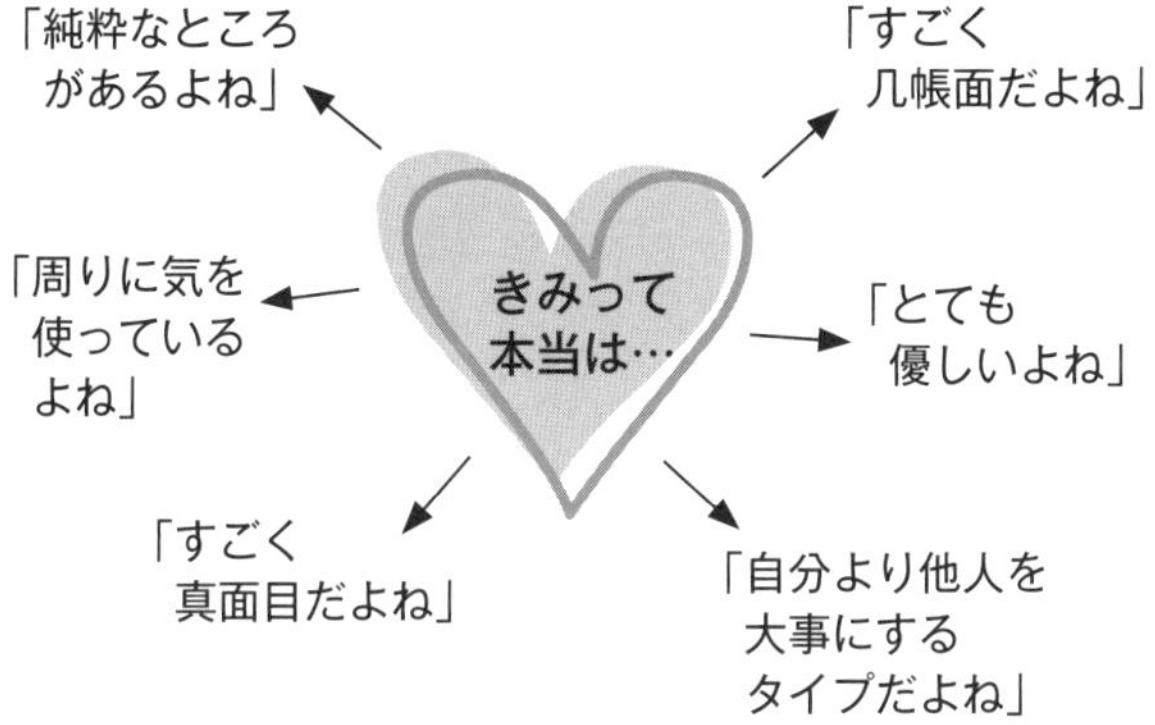

人は誰でも、不確定な未来が不安だからです。

占いの結果を伝えるときは

＊過去＝つらいこともあったけれど、それが人間的成長につながった。

＊現在＝あいまいなプラス評価。

＊未来＝○年後にすごくよくなる。

の順番で、話をしていきます。占いがまったくできなくても、「占いの結果を伝えるよ」と言って、この手順で話をすれば、相手からは「すごい」と思われ、一目置かれること間違いありません。

相手をこちらのペースに引きこむ「すごい!」の使い方

◆積極的に認めるだけで、人は従順になる

会話の中で、やたらと自慢話が出てくる人がいます。

「あ、またはじまった」とこちらは思いますが、これはどうしたものなのでしょう。

こんな人は無意識のうちに、自分語りをしてしまうので、他人に指摘されないと、自分が自慢話をしていると気づきません。

自慢だと自覚している人が自慢をしたいときには、「大した話じゃないけど」「自慢じゃないけど」などとことわりを入れてきますが、もちろんこれも自慢です。

どんなかたちであれ、**自慢話は劣等感の裏返しで行われます。**

世間から認められていない、誰からも認められていない——という思いの深い人ほど、自分自身で「私って偉いでしょ、すごいでしょ」と吹聴して、自分を認めてほしがっているのです。自信がないからこそ、誰かにほめてもらわないと、心が落ち着かないのです。

こういう人は、こちらから積極的にほめてあげることで、簡単にあやつることができます。「すごい」の賞賛を相づちとして適宜繰り出すと、効果的です。

人は自分を評価してくれる人には、自然と従順になっていくので、ほめ続ければ、面倒な依頼もすんなり聞いてくれるようになります。

ここには自分に好意をもってくれる人には、自分も好意で報いたいと思う「返報性の原理」がはたらいています。

返報性の原理とは、人から施しを受けるとそれを返してあげなければいけない——と思う心理です。好意には好意を、悪意には悪意を、譲歩には譲歩を——というかたちで、相手から受けたことを相手に返したくなる心理が人にはあるのです。

◆深層心理にはたらきかける「返報性の原理」

人はなぜ、「返報性の原理」のような習性をもつようになったのでしょうか。

それには、人間の行動原理が大きく関係しています。人は「快適」か、「不快」かで、物事を判断し、つねに「快適」になる行動を選択しています。

人からモノをもらうのは「快適」です。

しかし、長年他者と共同生活をしてきた私たち人類のDNAには〝他者とうまく共同生活をするための定理〟が、刻みこまれています。そのため、自分が一方的にもらうのは不公平であるという意識もはたらきます。

以上のような理由から、もらうだけだと不安になり、「不安＝不快」なのでお返しをするようになった――と考えられるのです。

返報性は、悪意に対してもはたらきます。こちらは、報復の論理に基づいています。自分の生存に危害を加える相手は敵です。敵は倒せるものなら倒したほうがよ

人は、自分に好意をもってくれる人には好意で報いたいと思う

いため、「反発心」「復讐心」が首をもたげ、チャンスを窺っているものと解せます。

相手に「好意の返報性」をもたらす言葉は、「すごい」の賞賛、「なるほど」の共感、「大丈夫？」の気遣い、「私にはとても」の謙遜といった、相手を肯定し、「快適」をもたらす言葉群です。会話の中で積極的に使えば、相手からも引き立ててもらえるでしょう。

もちろん、不用意な言葉で、相手の悪意の返報性を刺激しないように充分注意することも重要です。

無理難題を聞いてもらえる人がやっている心理ワザ

◆つい「イエス」と言ってしまうダブルバインド

人は、相手から二者択一で質問されると、無意識についつい、どちらかいっぽうを選んでしまいます。

＊友人↓あなた　「オレに千円おごるか、５千円貸してよ」
＊男性↓女性　「ぼくとのデートは、今週の土曜と日曜のどっちにする？」
＊男性↓女性　「終電すぎたな。マンガ喫茶かオレの部屋か、どっちで泊まる？」

このように、すでに話が決まっているように話すことで、「ＮＯ」と言える前提を意識させずに、つい「ＹＥＳ」と言わせてしまうのです。これを心理学では、「誤前提暗示」と呼びます。２つの選択肢の中から答えを選ばせることからして誤った前提だからです（両方とも断るという選択肢に気づかせない）。

この方法でうまく誘導できれば、相手はどちらかを選んでくれるので、こちらの望みは果たされます。

相手にどちらかを選ばせ、その理由を問うことで「選択」を強化させる手法もあります。

店員「お客様は、ＡとＢの商品でしたら、どちらがお好きですか？」
お客「そうだな、Ｂのほうかな」
店員「それはどうしてでしょうか？」
お客「うーん、Ｂのほうがおしゃれだからかな、形もぐっとコンパクトだしね…」
店員「さすがお客様、こちらのデザインが今人気なんです。ところでお客様、お支払いは現金になさいますか？　それともクレジットでしょうか？」
お客「クレジットだな。今は手持ちが少ないしね…」

店員「それはラッキー。今ならポイントが2倍です。こちらでよろしいですか？」
お客「うん、それでお願いするわ」

デザインがおしゃれで、コンパクトという理由を自分で考えることで、自分で選択し、購入する正当性が確立されてしまうわけです。

◆無理筋の要求でも、言い方ひとつで通せる！

相手が断りそうな無理筋のお願い事をしたいときに使えるのが**「限定・希少価値効果」です。**

「本日限り」「先着10名様限定」などのうたい文句があると、そこまで興味がなかったモノでも、「限定されたモノ特有の希少価値」を感じ、商品に魅力を感じてしまいます。この効果を人に対しても使うのです。

「きみしかいない」「きみだからこそ」と言って頼まれれば、頼まれた人は、自分の希少価値に目覚め、自尊心をくすぐられます。

依頼を「NO」と言わせない3つのワザ

1. 「AとB、どっちがいい？」と、二者択一で相手に選ばせる

2. 「きみだからこそ」と、自尊心をくすぐる

3. 「いくらきみでも無理だよね？」と、プライドを刺激する

「これはきみにしか頼めないことなんだ」と言われると、「他にも適任者はいるでしょ」という断りの別の選択肢が浮かばず、受けてしまうのです。

また、自分に得意なもの、自慢に思うものがある人には、「ほめて・けなす」という揺さぶりをかけると、プライドが刺激され、反発心からつい無理な依頼も引き受けてしまいます。

「いくら料理上手なきみでも、こういう素材で惣菜を作るのは無理だよな？」などと言えば、料理上手な人はその依頼を受けてくれるはずです。

「実は私…」で印象を操作する技術

◆「強い好印象」を演出する技法

美人やイケメンが、第一印象で、非常におトクという現象は、私たちも日常の経験則からよく知っています。就職などの際、履歴書の書類選考で通りやすいのは、見栄えのよい「美男美女顔」の写真が貼られたものですし、韓国では、若い人のプチ美容整形が当たり前のような状況になっています。第一印象で「外見のハロー効果（45ページ参照）」を発揮させると、いかにオイシイ果実をもたらしてくれるか――という事例には事欠かないでしょう。

ハロー効果をもたらすのは、外見的要素だけではありません。

学歴や肩書、評判などの「社会的要素」や、上品な言葉遣いや真面目な人柄などの「性格的要素」でも、ハロー効果は発揮されます。際立って秀でたものがあれば、そのハロー効果によって自分の存在を輝かせることもできるのです。

つまり、自分でうまく印象を操作し、相手に何か「強い好印象」を与えることができれば、美男美女でなくとも、ハロー効果の恩恵を受けることができます。

このとき効果的なのが、「実は私…」と、プライベートを打ち明けるかたちで自分のイメージをつくる手法です。

心理学では「実は私…」と言って本当の自分のことを語るのを、「自己開示」と呼び、「実は私…」と言ってウソの自分を演出することを「印象操作」とか「自己呈示」と呼んで区別しています。

「実は小学校・中学校の頃、親の仕事の関係でアメリカにいたんだ」と言うと、人は勝手に「英語ができる人」と思いこみます。実際には3年しか住まず、英語を忘れていて、喋れない状態であっても、相手の頭の中では、「華麗なる帰国子女」のイメージが勝手につくられるのです。

この場合、本当にアメリカにいたわけですから、自己開示ですが、それによって他人が勝手に「英語のできる人」というイメージをつくっているので、結果的には、印象操作・自己呈示をしているともいえます。

◆自己開示の効果的な使い方

自己開示によってつくられるイメージが、自分にとってプラスになるのであれば、結果的に印象操作になるとしても、どんどんこの手法を使うべきでしょう。

こちらは、本当のことを言った「自己開示」をしているにすぎないのですから、結果として実際のイメージと異なっていたとしても、罪はありません。プロの詐欺師のウソの言説とは根本的に異なります。

「実はうち、小学校の頃に父が亡くなって…。それ以来、母子家庭で食うや食わずの生活をしていたんです」などと新入社員が言えば、年配の上司は同情心がわいて、

「実は私…」で、自分のイメージを自在に操作する

自分が父親代わりになって面倒を見てやろうなどと思ったりするものです。小学校の頃、父親が亡くなったのは事実でも、実際の母子家庭生活は裕福だったとしても、こう言えば可愛がってもらえます。

反対に「大学ではスキー部で、スイスやフランスの海外遠征にも何度も行きました」などと言う新入社員は生意気に思え、ちょっといたぶってやろうかとさえ思うでしょう。

周囲とのコントラストも考えて、自分のイメージをあやつるとよいのです。

部下を〝思いのままに動かす〟秘密の言葉とは

◆好感度を上げつつ、コントロールする「頑張りすぎるなよ」の声かけ

部下を励ます際、たいていの上司は「頑張れよ」と言います。

しかし、残業続きで、毎日頑張っている部下にこの言葉をかけるのは、逆効果です。残業をして必死に仕事をこなしている部下は、もう、これ以上頑張りようがないくらい、頑張っていることも少なくありません。

そんな人に対し「頑張れよ」などと、上司が、気安く励ましの言葉をかけるだけだと、部下の中には徐々に反発心が募っていきます。

「何が〝頑張れよ〟だ、自分も手伝うとか、人を増やすとか、何か改善策はないの

かよ」などと恨みを買いかねません。

口先だけで励ますのなら、「頑張れよ」より、「頑張りすぎるなよ」のほうが効果的です。

「頑張れよ」は命令形ですが、「頑張りすぎるなよ」は禁止形です。人は禁止されると、本能が自由を阻害されたように感じ、それに逆らいたくなるのです。

しかも「頑張りすぎるなよ」は、相手の体を気遣うセリフなので、自尊心も満たされるでしょう。

「頑張りすぎるなよ」で、ますます頑張ってしまうのが人間なのです。

◆「ピグマリオン効果」を使えば、部下は勝手に成長する

「お前はホントに仕事がのろいな」と上司が部下に言い続けると、部下はいつまでたっても仕事が早くなりません。

人は期待されないと、どんどん自分を卑下し、自己肯定感を下げるため、前向き

な活力がわいてこなくなります。これは「ゴーレム効果」という心理作用によって「どうせ、オレはそうだよ」などと開き直り、やさぐれるからに他なりません。

心理学で有名な「ピグマリオン効果」は、これと逆の作用で、**期待をかけて接していると、相手がどんどん成長していくというものです。**「できない部下」に手を焼いている場合は、ピグマリオン効果を使ってみましょう。ちょっと気が利いたところを見つけたら「きみは気が利くな」とほめ、仕事が早くできたときには、ここぞとばかりに、「きみは仕事が早いな」とおだてます。

潜在意識にも作用が及び、次第にそのレッテルにふさわしい人間になっていくでしょう。

◆失敗した部下をすぐに立ち直らせるには

部下が失敗して落ちこんでいたら、「この失敗は神様がくれた、きみへのプレゼントなんだよ」と言って失敗を肯定してあげると、失敗から早く立ち直らせること

「頑張りすぎるなよ」が、好感度と士気を一気にアップする！

ができます。失敗を肯定された瞬間、部下の頭の中は「？」と、混乱するでしょう。人は、常識と違う認識を示されると不可解で、混乱が生じるからです。

そこで、「じっくり休んで英気を養えってことさ。せっかくのチャンスだからさ」と声をかけると、部下は、失敗を肯定されたことが腑に落ちて納得できます。そして、自分の失敗も前向きに受け入れられるようになるのです。「せっかくだから」という言葉には、過去から未来へとスムーズに視点を変えさせる効果もあり、早々に気持ちを切り替えさせられます。

会話の中でウソを自白させる心理操縦術

◆相手の真贋を見極める〝とっさのひと言〟

相手の言葉の真贋《しんがん》を見極めたいときに有効なのは、相手にとっさの「ひと言」を投げつけることでしょう。

人は、不意に「言葉」を投げつけられると答えに詰まります。話を黙って聞いている――と思っていたこちらが、突然切り返したり、唐突に質問を投げかけてやると、相手はとまどいます。

安心して無防備になっているときにこそ、本音の反応が表れるのです。

言葉を投げつけられた瞬間、ウソをついていた相手は混乱状態に陥り、慌てふためいてボロを出します。

夫「今日は、課長の送別会でちょっと遅くなるから、飯はいらないよ…」
妻「そう、わかったわ。ところで、今、あなたのメールの送受信記録を見せてよ」
夫「えっ？な、なんで今だよっ、別にもう、あの女とは連絡取ったりしてないぞ！」
妻「とにかく見せて。あなたがあの女と完全に切れてるって証拠を見たいの！」
夫「だ、駄目だよっ、し、信じろよ、オレを。ふざけたこと言うなよ！」

夫の狼狽ぶりは、浮気が続いているという「本音の反応」を表したものに他なりません。奥さんのほうは「あの女とまだ続いてるんだな…」と、察しがついたことでしょう。

不意打ちを食らうと、このように本音が丸裸になってしまうのです。

とっさのひと言を効果的に使うには、どんなタイミングで言葉を投げつければよいのか、どんなセリフが効果的か――「勘」を養っておくことが重要です。

◆外堀から埋めるひとつ上の「ウソ発見術」

ウソをついている人は、ウソがバレやしないかと、内心ビクビクしているものです。潜在意識には、バレたときの恐怖のイメージが焼きつけられていますから、バレそうな気がしただけで、全身に緊張が走ります。そんな心理を利用して、**正面から対峙して「ウソだろ?」と追及する場面では、いきなり「カマをかけたセリフ」で一気に追いこむことをおすすめします。**サボリの常習犯などには効果的です。

上司「きみの営業日報はウソだな。きみの不審な行動の目撃情報があったんだぞ!」

部下「えっ? あ、あ…あの、し、新宿の映画館とかの…、あれ…でしょうか?」

このように自分から白状してくれることが多くなるでしょう。ウソに耐え切れないからです。とりわけ、他人から自分が見られていた——という目撃情報でカマをかけられると、もはやこれまで——と観念しやすいのです。もうすぐバレる、すでにバレて証拠がある——と、ウソをついている相手に思わせることで、相手のウソ

ウソを白状させるには「とっさのひと言」で、相手を動揺させること

をあぶりだすことができます。

また、虎の威を借りて、ウソをあばく手法もあります。

ウソをついている人は、「ウソじゃないか？」と疑念をもたれただけで、ピリピリと緊張します。**そのため、相手が恐れている人物や権威者の存在を借りてきて脅すと、強い緊張に耐えられなくなり、観念してウソを白状することが多いのです。**

「ここで白状すれば、オレの胸の内に留めるが、白状しないなら部長のところで釈明してもらうぞ」などと言って、ウソを白状させるのもひとつの方法です。

相手ともめずに、意見を通す「反論」の技法

◆つねに大筋で合意している空気をつくる

会議の席、打ち合わせ、商談…。相手と意見が対立してしまう瞬間は多々あります。うまく反論や主張を伝えられないと、自分が損をしたり、納得できない結論に落ち着いてしまい、悔しい思いをすることにもなりかねません。

相手が「反論されている」と気づかないかたちで、反論するテクニックが、「イエス・イフ法」です。

たとえば、打ち合わせの席で、相手が「私はA案がいいと思っています」と、自分とは違う意見を言った場合、真っ向から「A案は無理ですよ」と言っては、角が

立ちます。**反論したいときは「はい、A案はいいと思います。ただ、もしも、○○だとしたらどうなるでしょう？」と、「はい＋もしも」の「イエス＋イフ法」を使います。**相手を肯定した上で、別の「仮定の話」に展開してしまうのです。相手は、これを反論とは思わず、「そうかー、じゃあちょっとA案は無理だよね」と、すんなりこちらの意見を受け入れてくれるはずです。

◆ここぞという場面での説得には

交渉の場で、意見を対立させてしまうと、商談はご破算になります。

相手を説得しようとムキになるほど、相手も頑《かたく》なになり、「一歩も譲りたくない」という気にさせるからです。これは「説得のブーメラン効果」といわれる現象です。

したがって、対立点を鮮明にしない工夫が必要となるわけです。

最初から、共通する土台の雰囲気づくりをしておくことが大事です。雑談の段階から、「先日、教えていただいたアドバイスを実践してみましたら、おかげでものすごくうまくいきました」「○○さんのおっしゃる通りの為替動向が続いていますね。これからも経済の読みのお話を伺いたいです」などと、相手に全面的に賛同しているノリを見せておくのです。

これで、相手の潜在意識には、「心地よい味方」であることが刷りこまれ、交渉も比較的スムーズにすすむのです。

会話中も、「でも」「ですけど」「しかしですね」「だけど」など、次に反論する言葉が続くとわかる逆説の接続詞を一切使わずに、「なるほど」「そうですね」「おっしゃる通りですね」といった言葉を意識的に使うことが重要です。

◆スマートな反論のポイントは「大義名分」を使うこと

とはいえ、**直接、利害にかかわる点では、一筋縄ではいかない面もあるでしょう。そんなときには、「大義名分」をもち出すことです。**

「これはうちの利益のために申し上げているのではありません。御社のイメージ、

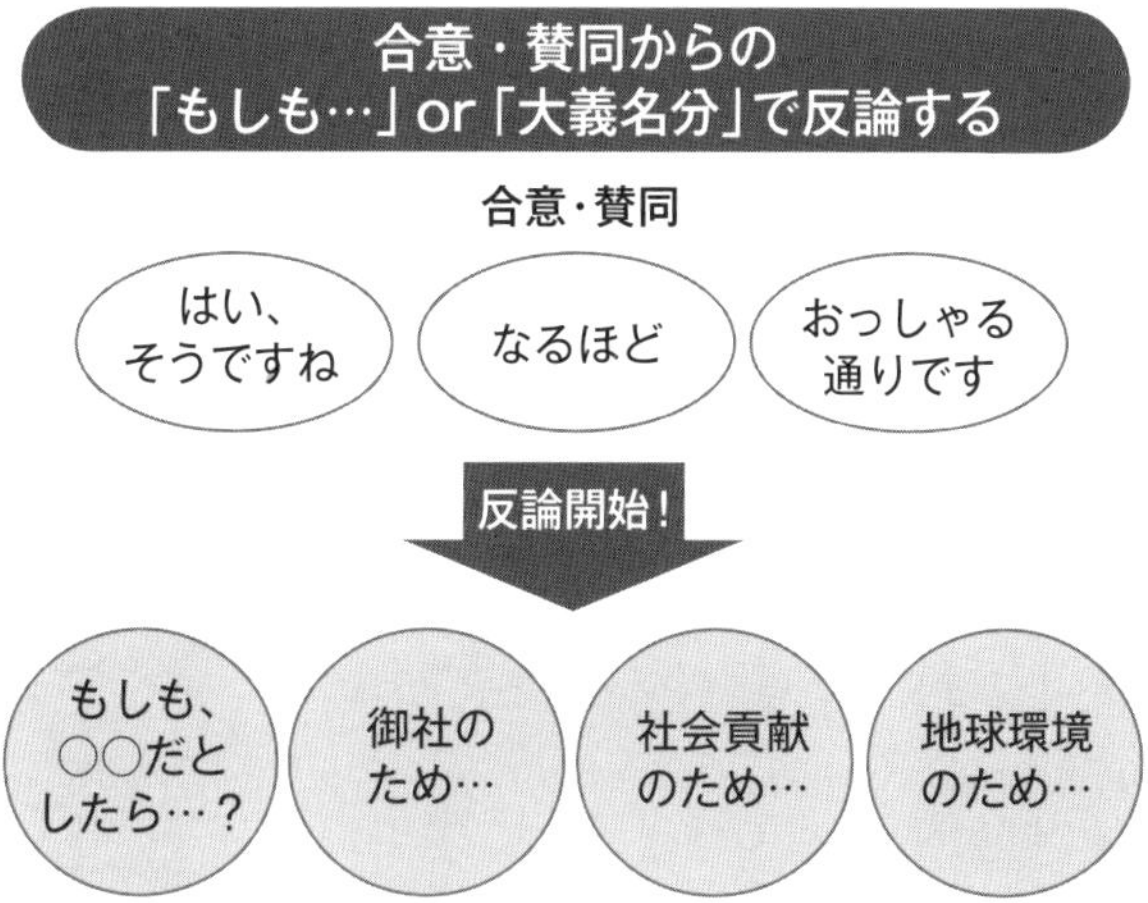

社会貢献を考えてのことです。ご存じの通り、こちらのA製品は、B製品と比べて価格は2倍です。耐久性は1・5倍で環境性能は3倍です。御社はマスコミや関連取引先の工場見学も多いと伺っております。地球環境第一に考えるなら、御社の場合、A製品以外考えられないと思うのです」

　御社のイメージのため、社会貢献のため、地球環境のためと、大義名分はいくらでも浮かびます。会社のため、家族のため、将来のため――と大義名分を押し出されるとグラグラッとします。これにめっぽう弱いのが人間だからです。

依頼や要求を上手に断る話し方の極意

◆「うまく断れる人」が使っている6つの言葉

他人からの依頼や要求を上手に断れないと、他人に振り回される人生を送らざるを得なくなります。

さまざまな断り方のワザを覚えておきたいものです。

「いやあ、困ったな」で断る

断りにくい相手からの依頼には開口一番、「いやあ、困ったなー」と言うことです。

これだけで、角を立てずにやんわり断れます。こう言うだけで、あえて断る理由を告げなくても、相手はこちらの胸中を察してくれ、「誘いは嬉しいけど、あいにくその日は先約が…」と続けられます。

「相手よりも不幸・悲惨」で断る

「今月ピンチなんだ。10万でいいからお金貸してくれない?」と頼まれたら、「ごめんよ。オレも今月20万円の借金返済があって大ピンチなんだ」と、相手よりも不幸な事情を伝えれば、相手もすぐにあきらめてくれます。

「家訓・ポリシー・遺言」で断る

「連帯保証人に名前だけ貸してくれないか。絶対迷惑はかけないから」と要請されたら、「すまんな、曾祖父がそれで破産したんで、連帯保証人にならないことが我が家の家訓なんだ」「すまないけど、死んだ親父が終生それで苦しめられてね。遺言で禁じられてるんだ」ときっぱり断ります。

「悲しい事情」で断る

退社間際の時間になってから、突然残業を命じてくる段取りの悪い上司には、「申し訳ありません。実は今夜は大学時代の恩師のお別れの会です。私は幹事なので出席せねばなりません」と悲しみを湛《たた》えて断ります。

「継続する不幸」で断る

毎日のように同僚から誘われる「飲み会」への参加は億劫です。

断ると「つき合いが悪いな」「お前、スキルアップ狙って学校でも通ってるのか?」などと要らぬ詮索をされます。

「恋人いないやつが断るんじゃないよ」などと非難され、散財もばかになりません。

こんなときは「実は他人にあまり言ってほしくないけど、うちは両親が祖父母の老々介護をしてたんだけど、両親も調子が悪くなってきてね。オレが面倒見ないとどうにもならない状態なんだ」と苦悩の表情を浮かべながら伝えると、同情されて誘ってこなくなるでしょう。

「感謝と謝罪」のダブルで断る

断りの基本は、「謝罪+断りの言葉+断りの理由(+代替案)」です。

「大変申し訳ございませんが+参列できません+その日はよんどころない事情があ

「断り方」のバリエーションを押さえれば、相手の依頼も上手に断れる

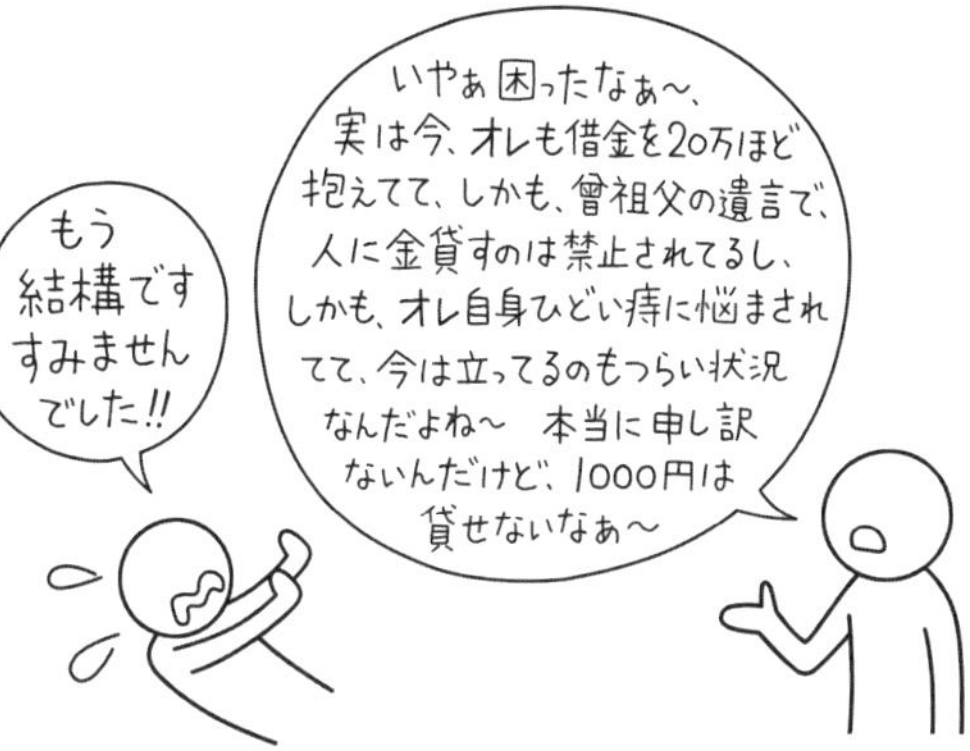
いやぁ困ったなぁ〜、
実は今、オレも借金を20万ほど
抱えてて、しかも、曾祖父の遺言で、
人に金貸すのは禁止されてるし、
しかも、オレ自身ひどい痔に悩まされ
てて、今は立ってるのもつらい状況
なんだよね〜　本当に申し訳
ないんだけど、1000円は
貸せないなぁ〜
もう
結構です
すみません
でした!!

りまして＋代わりにと言ってはなんですが、花束を贈らせてください」というステップです。

代替案はなければ提示できませんが、代替案があると断りの悪印象を弱められます。

しかし、もっとよい印象を残す断り方があります。

「ありがとうございます。お誘いいただき大変光栄です」というのを最初につけ加えます。

感謝の言葉は、誘われた喜びのインパクトを輝かせるからです。

人生の活動源として

いま要求される新しい気運は、最も現実的な生々しい時代に吐息する大衆の活力と活動源である。

文明はすべてを合理化し、自主的精神はますます衰退に瀕し、自由は奪われようとしている今日、プレイブックスに課せられた役割と必要は広く新鮮な願いとなろう。

いわゆる知識人にもとめる書物は数多く窺うまでもない。

本刊行は、在来の観念類型を打破し、謂わば現代生活の機能に即する潤滑油として、逞しい生命を吹込もうとするものである。

われわれの現状は、埃りと騒音に紛れ、雑踏に苛まれ、あくせく追われる仕事に、日々の不安は健全な精神生活を妨げる圧迫感となり、まさに現実はストレス症状を呈している。

プレイブックスは、それらすべてのうっ積を吹きとばし、自由闊達な活動力を培養し、勇気と自信を生みだす最も楽しいシリーズたらんことを、われわれは鋭意貫かんとするものである。

―創始者のことば―　小澤和一

著者紹介

神岡真司〈かみおか しんじ〉

ビジネス心理研究家。日本心理パワー研究所主宰。
最新の心理学理論をベースにしたコミュニケーションスキル向上指導に定評があり、法人対象のモチベーションセミナー、コミュニケーショントレーニング、人事開発コンサルティングなどで活躍している。『頭にくるひと言への切り返し戦術』(ぱる出版)、『悩み0(ゼロ)－心理学の新しい解決法－』(ワニブックス)、『思い通りに人をあやつる101の心理テクニック』(フォレスト出版)、『相手を自在に操るブラック心理術』(日本文芸社)など著書多数。監修に『ヤバい心理学』(日本文芸社)がある。

メールアドレス:kamiokashinzi0225@yahoo.co.jp

アブない心理学《しんりがく》　　青春新書 PLAYBOOKS

2016年 8 月10日　第 1 刷

著　者　神《かみ》岡《おか》真《しん》司《じ》

発行者　小澤源太郎

責任編集　株式会社プライム涌光

電話　編集部　03(3203)2850

発行所　東京都新宿区若松町12番1号 〒162-0056　株式会社青春出版社

電話　営業部　03(3207)1916　振替番号　00190-7-98602

印刷・図書印刷　製本・フォーネット社

ISBN978-4-413-21066-9